Sven Leichsenring

New Leadership in der Unternehmenspraxis

Anforderungen an moderne Führungskräfte

Bibliografische Information der Deutschen Nationalbibliothek:

Die Deutsche Nationalbibliothek verzeichnet diese Publikation in der Deutschen Nationalbibliografie; detaillierte bibliografische Daten sind im Internet über http://dnb.d-nb.de abrufbar.

Impressum:

Copyright © Science Factory 2021

Ein Imprint der GRIN Publishing GmbH, München

Druck und Bindung: Books on Demand GmbH, Norderstedt, Germany

Covergestaltung: GRIN Publishing GmbH

Abstract

Dem New Leadership werden im Zuge einer sich verändernden Arbeitswelt, die weitreichend von verknappten Personalmärkten geprägt wird, Bewältigungspotenziale für Unternehmen zugeordnet, diesen Anforderungen zu entsprechen.

Die vorliegende Arbeit beschäftigt sich mit den Risiken von Unternehmen, die nicht an anforderungsgerechte Führung nach dem New Leadership adaptieren.

Inhaltsverzeichnis

Abstract III

Abbildungsverzeichnis V

Tabellenverzeichnis VI

Abkürzungsverzeichnis VII

1 Einleitung in die Thematik der Theorien des New Leadership 1

2 Problemstellungen der Führung 2

    2.1 Vorgehensweise 5

3 Theoretisch zentrale Grundlagen des New Leaderships 6

    3.1 Begriffliche Auseinandersetzung mit der Führung und dem Leadership 6

    3.2 Modelle und Konzepte zur Führung 8

    3.3 Konzeptionelle Grundlagen des New Leaderships 16

    3.4 Arbeitswelt 4.0: Herausforderungen der Führung und empirischer Überblick zu Führungsproblemen 24

4 Analyse von Lösungspotenzialen 35

    4.1 Analyse von Lösungspotenzialen der Führungskräfteentwicklung 35

    4.2 Analyse von Lösungspotenzialen der Führungskräfteselektion 39

    4.3 Analyse von Lösungspotenzialen der organisatorischen Bewältigungsmöglichkeiten 46

    4.4 Analyse des Risikomanagementbedarfs und Umsetzungspotenziale 49

5 Handlungsempfehlungen, Fazit und Ausblick 54

Literaturverzeichnis 58

Abbildungsverzeichnis

Abbildung 1: Typologie von Führungsstilen nach Entscheidungsspielraum 10

Abbildung 2: Typologie von Führungsstilen nach Mitarbeiterorientierung und Aufgabenorientierung (Managerial Grid) 11

Abbildung 3: Bevölkerungsstruktur nach Altersgruppen in Deutschland 2017 24

Abbildung 4: Ökonomische Outputunterschiede zwischen 25%-Gruppen mit hoher und niedriger Bindung nach Gallup 32

Abbildung 5: Personalrisikomanagementkreislauf 47

Abbildung 6: HR-Struktur-Pyramide 49

Tabellenverzeichnis

Tabelle 1: Übersicht der Big Five Faktoren und Merkmale einer hohen Ausprä-gung...... 41

Abkürzungsverzeichnis

MLQ	Multifactor Leadership Questionnaire
HR	Human Resource
Gen Y	Generation Y = Bevölkerungskohorte der Geburtsjahre ab1980 – 2005
p	Signifikanzwert für statistische Tests zwischen 0 und 1. Je größer p, desto größer die Realitätsgehalt der Stichprobe
r	Korrelationskoeffizient nach Pearson für lineare Datenzusammenhänge. Wertebereich zwischen -1 und 1. Je größer r an -1 oder 1, desto größer die Zusammenhangswahrscheinlichkeit

1 Einleitung in die Thematik der Theorien des New Leadership

Moderne Perspektiven der Führung ordnen dieser eine Vielzahl von Funktionen zu, dazu zählen neben Effizienz und Effektivität der gezielten Einflussnahme auf die Mitarbeiter auch die Mitarbeiterzufriedenheit, die Mitarbeitermotivation, die Mitarbeiterbindung und die Mitarbeiterförderung sowie das Employer Branding.[1] Als Hintergrund dieser Anforderungen lassen sich relevante Veränderungen anführen, denen die Führung unterliegt. Hierzu zählen unter anderem der demographische Wandel der Gesellschaft, die fortschreitende Digitalisierung in allen Branchen, die Work-Life-Balance als Instrument für den Einklang zwischen Arbeit und Freizeit und die persönlichen Anforderungsvorstellungen an Beruf, Freizeit, Lifestyle und Führung der sog. „Gen Y", um nur einige exemplarisch aufzuführen.

Die aus den genannten Veränderungen resultierenden komplexen Anforderungen an die Arbeits- und Unternehmenswelt haben auch das Risiko von Attraktivitätsdefiziten von Unternehmen gesteigert, was in Kapitel 2 ausgeführt wird.

Der Autor differenziert nachfolgend die Begrifflichkeiten der Personalwirtschaft und der Personalführung, wobei der Schwerpunkt der Arbeit auf der Führung, deren Historie, Bedeutung und insbesondere deren veränderte Grundfunktion in der Wechselwirkung zwischen Unternehmen und Mitarbeitern liegt.

Während sich die Personalwirtschaft mit wertschaffenden Prozessen in Unternehmen beschäftigt, bei denen alleinig Effizienzkriterien von Relevanz sind, fokussiert die Personalführung auf die zielgerichtete Einflussnahme auf Beschäftigte in Unternehmen. Die dem zugrundeliegenden Führungsaktivitäten, Führungsstile und Auswirkungen bilden die Basis für diese Arbeit und die in Kapitel 2 formulierte Leitfragestellung.

---

[1] Vgl. Stock-Homburg, Ruth; Özbek-Potthoff, Gülden (2013): Verhaltenstheoretische Perspektive der Mitarbeiterführung. IN: Stock-Homburg, Ruth (Hrsg.): Handbuch Strategisches Personalmanagement, 2. Auflage, Wiesbaden, S. 349-369

2 Problemstellungen der Führung

Zu den Phänomenen, die mit einem veränderten Anforderungsprofil der Führung in Verbindung gebracht werden, zählen besonders die quantitative und qualitative Verknappungen des Personalmarkts im Zuge des demographischen Wandels und des damit in Verbindung stehenden Fachkräftemangels zahlreicher Branchen.[2] Der quantitative Rückgang beschreibt die Dezimierung der Gesamtmenge des zur Verfügung stehenden Humankapitals. Die Daten der Bundesagentur für Arbeit verweisen auf Basis einer Horchrechnung zum Jahresende für 2018 auf durchschnittlich 797.800 offene Stellen, im Vergleich dazu waren im Jahr 2010 359.348 offene Stellen.[3]

Qualitative Verknappungen finden ihre Ursache in der steigenden Spezialisierung, Automatisierung und Technisierung nahezu aller Branchen, als deren Folge kurz- und mittelfristig keine, bzw. nur wenig fachlich gebildete Menschen dieses Defizit kompensieren können.

Nicht besetzte Positionen haben sich demnach zwischen 2010 und 2018 mehr als verdoppelt. Auf Basis der zunehmenden Ressourcenverknappung des Personals und der gestiegenen Bedeutung des Humankapitals für die Wertschöpfungsfähigkeit von Unternehmen im globalen Wettbewerb konkurrieren Unternehmen zunehmend um attraktive Arbeitskräfte, diese Entwicklung wurde unter der Bezeichnung ‚War for Talents' bekannt.[4]

Die Personalbindung hat in dieser Konstellation eine gestiegene Bedeutung erlangt, da der Verlust von Mitarbeitern nicht nur einen Verlust der Wertschöpfungsressource im Unternehmen bedeutet, sondern diese Ressource auch zunehmend schwerer zu ersetzen ist.[5] Diese Entwicklungen begründen einen

---

[2] Vgl. Krüger, Kathy (2018): Herausforderung Fachkräftemangel. Erfahrungen, Diagnosen und Vorschläge für die effektive Personalrekrutierung, Wiesbaden, S. 13
[3] Vgl. Bundesagentur für Arbeit (2018): Monatsbericht zum Arbeits- und Ausbildungsmarkt, November 2018. 20.12.2018
[4] Mattmüller, Roland et al. (2015): Fallstudien zu aktuellen Herausforderungen im Employer Branding und Personalmarketing. IN: Hesse, Gero, Mattmüller, Roland (Hrsg.): Perspektivwechsel im Employer Branding, Wiesbaden, S. 105 - 200
[5] Kanning, Uwe (2017): Personalmarketing, Employer Branding und Mitarbeiterbindung. Forschungsbefunde und Praxistipps aus der Personalpsychologie, Berlin et al., S. 3

Paradigmenwechsel im Personalmanagement, das auf zunehmende Attraktivität des Unternehmens als Arbeitgeber angewiesen ist.[6]

Auch eine hohe Diversität der Mitarbeiter in Bezug auf Alter, Geschlecht, Familienstatus, Migration, Lebensstil und Präferenzen lässt sich zu den gestiegenen Herausforderungen der Führung zählen, da die Führung Mitarbeitern mit einer hohen Bedürfnisheterogenität zugunsten deren Bindung entsprechen soll.[7]

Als signifikanter Faktor für qualitative Defizite hat auch die fortschreitende Digitalisierung nicht nur komplexe neue Anforderungen an die Arbeitswelt hervorgebracht, sondern auch das Risiko gesteigert, dass unzufriedene Mitarbeiter Attraktivitätsdefizite von Unternehmen auf Social-Media-Plattformen publik machen und so das Employer Branding von Unternehmen negativ beeinträchtigen können.[8]In der Literatur zu modernen Führungskonzepten, die dem Rechnung tragen sollen, hat sich der Begriff des New Leaderships ausgebreitet, der bisweilen ohne nähere Eingrenzung verwendet wird und oft primär als Schlagwort eines neuen Anforderungsprofils der Führung dient.[9]

Der Fokus auf eine anforderungsgerechte Führung verdeutlicht die Probleme einer konzeptionellen Eingrenzbarkeit des New Leaderships, da hier keine Beschränkung resultiert. Mit inhaltlichem Fokus auf Führung unter Knappheit der Personalmärkte, Diversität von Mitarbeitern und daraus hervorgehender Bedürfnisheterogenität, Mitarbeiterzufriedenheit, -motivation und -bindung[10] ordnet die konzeptionelle Literatur dem Feld insbesondere die Ansätze der emotionalen Führung und

---

[6] Vgl. Mattmüller (2015): S. 105 - 200.
[7] Vgl. Franken, Swetlana (2015): Personal, Diversity Management, Wiesbaden, S.7
[8] Vgl. Ternes, Anabel (2018): Digitale Transformation, HR vor enormen Herausforderungen. In: Ternes, Anabel, Wilke, Clarissa (Hrsg.): Agenda HR, Digitalisierung, Arbeit 4.0, New Leadership, Wiesbaden, S. 3 - 12
[9] Vgl. Grabmeier, Stephan (2015): New Leadership–Führung in der Arbeitswelt 4.0, http://innovationevangelists.com/fileadmin/Dateien/PDF/Artikel/New_Leadership_-_Fuehrung_in_der_Arbeitswelt_4.0.pdf (20.12.2018); Mehler, Regina (2018): HR als Business-Treiber der Transformation. In: Ternes, Anabel, Wilke, Clarissa (Hrsg.): Agenda HR, Digitalisierung, Arbeit 4.0, New Leadership, Wiesbaden, S. 13 - 19
[10] Vgl. Peters, Theo (2015): Leadership, Traditionelle und moderne Konzepte, Wiesbaden, S. 2; Weibler, Jürgen; Endres, Sigrid (2016): Kann die Leadership-Ökonomik zum Verständnis von Führungsphänomenen beitragen? Eine kritische Bestandsaufnahme. IN: Managementforschung. (2016), S. 7 ff; Au, Corinna von (2017): Von Burnout, Boreout und Narzissmus zur holistischen, wertschätzenden und lernenden Führungskultur. IN: Au, Corinna von (Hrsg.): Struktur und Kultur einer Leadership-Organisation. Holistik, Wertschätzung, Vertrauen, Agilität und Lernen, Berlin et al., S. 1 - 36

der transaktionalen Führung bzw. dessen inhaltlicher Weiterentwicklung der transformationalen Führung zu.[11]

Parallel zum gestiegenen Anforderungspotenzial weisen zahlreiche Forschungsergebnisse der Führung in deutschen Unternehmen Defizite zu: Während sich exemplarisch nach Gallup Daten 97% der befragten Führungskräfte als gute Führungskraft einstufen, halten nach Global Workforce Study nur 50% der befragten Beschäftigten ihre direkten Vorgesetzten für effizient, 53% der Mitarbeiter verweisen auf eine unzureichende Anerkennung guter Leistungen.[12]

In diesen Zusammenhang haben verschiedene Studien zur Mitarbeitergesundheit Führungskräften sogar eine erhebliche Bedeutung als psychosozialer Belastungsfaktor von Mitarbeitern zugeordnet.[13] Zu den Folgen dieser Problemfelder können eine reduzierte Performance, eine niedrige Personalbindung, ein steigendes Risiko gesundheitlicher Beeinträchtigungen, eine geringe Motivation und eine niedrige Mitarbeiterzufriedenheit gezählt werden.[14]

Gleichsam ist auf die zahlreichen Korrelate negativer Mitarbeiterzufriedenheit zu verweisen, die sich unter anderem in einer Steigerung von Fehlzeiten, erhöhter Fluktuation, niedrigem Involvement, reduzierter Stressbewältigung und kontraproduktivem Verhalten am Arbeitsplatz niederschlagen können.[15] Anforderungen und Risiken der Führung lassen sich entsprechend als hoch einstufen.

---

[11] Vgl. Peters (2015): S. 47 ff.

[12] Vgl. Gallup (2017): Weiche Faktoren zahlen sich mit harter Münze aus, http://www.gallup.de/file/184019/Metaanalyse_2016.pdf?g_source=link_intdede &g_campaign=item_183104&g_medium=copy (20.12.2018); Willis Towers Watson (2015): Nur 43 Prozent der Arbeitnehmer halten Top-Manager für effektiv. Mitarbeiterbefragung zu Führungskräften, https://www.towerswatson.com/de-DE/Press/2015/02/Nur-43-Prozent-der-Arbeitnehmer-halten-Top-Manager-fuer-effektiv?webSyncID=ea5a1ae7-ac77-7589-92ca-1d1a611bde1a&sessionGUID=d1183bd7-1387-9355-49ae-17c14a7e7b31 (20.12.2018)

[13] Vgl. Techniker Krankenkasse (2017): "Entspann Dich, Deutschland", TK-Stressstudie 2016, https://www.tk.de/techniker/unternehmensseiten/unternehmen/broschueren-und-mehr/stressstudie-2016-2026692 (20.12.2018), S 27; DGB Index Gute Arbeit (2015): Arbeitsbedingte Belastung und Beanspruchung. Wie die Beschäftigten den Zusammenhang beurteilen Ergebnisse einer Sonderauswertung zum DGB-Index Gute Arbeit für die Jahre 2012-14, http://index-gutearbeit.dgb.de/++co++b40652a8-7895-11e5-8f4f-52540023ef1a (20.12.2018), S. 6; 15

[14] Vgl. WillisTowersWatson, 2015: o. S.; Gallup (2017): S. 1 f.; Techniker Krankenkasse (2017): S. 52

[15] Vgl. Stock-Homburg, Ruth (2012): Der Zusammenhang zwischen Mitarbeiter- und Kundenzufriedenheit. Direkte, indirekte und moderierende Effekte, 5. Auflage, Wiesbaden, S. 18; Dalal, Reeshad S. (2005): A meta-analysis of the relationship between organizational citizenship

Im Zusammenspiel von Anforderungen an die Führung und den Erkenntnissen der Führungsforschung über den bislang erreichten Anpassungsgrad der Führung an diese Anforderungen in deutschen Unternehmen, lassen sich erhebliche Auswirkungen der Führung verzeichnen.

Die daraus abgeleitete Leitfragestellung des Autors der vorliegenden Arbeit lautet deshalb: „Welche ökonomischen Folgen drohen Unternehmen in Deutschland, die das New Leadership nicht adäquat berücksichtigen und umsetzen?".

2.1 Vorgehensweise

Der Arbeit liegt folgender Aufbau zugrunde:

In dem anschließenden zweiten Kapitel werden zunächst theoretisch zentrale Grundlagen aufgezeigt. Dazu zählen nach einer Auseinandersetzung mit den Begriffen Führung und Leadership Modelle und Konzepte zur Führung. Darauf aufbauend werden die konzeptionellen Grundlagen des New Leaderships dargestellt, bevor auf Herausforderungen der Führung eingegangen wird und ein empirischer Überblick über Führungsprobleme erfolgt.

Im dritten Kapitel werden Lösungspotenziale analysiert. Dazu zählen Lösungspotenziale der Führungskräfteentwicklung, der Führungskräfteselektion und der organisatorischen Bewältigungsmöglichkeiten. Fortfolgenden soll der Risikomanagementbedarf und dessen Umsetzung auf Lösungspotenziale hin untersucht werden.

Im vierten Kapitel erfolgt das Resümee, das die Auswirkungen für Unternehmen zusammenfasst.

---

behavior and counterproductive work behavior. IN: Journal of Applied Psychology, 90 (2005), S. 1241-1255; Thielmann, Beatrice; Pfister, Eberhard A.; Böckelmann, Irina (2009): Ergebnisse einer arbeitspsychologischen Befragung von Verwaltungsangestellten zur individuellen Stressbewältigung. IN: Zentralblatt für Arbeitsmedizin, Arbeitsschutz und Ergonomie, 59 (2009), S. 66-80, S.74

3 Theoretisch zentrale Grundlagen des New Leaderships

Nachfolgend erörtert der Autor theoretische Grundlagen, die für das Verständnis moderner Führungskonzepte zentral sind. Dazu erfolgt zunächst eine begriffliche Auseinandersetzung mit der Führung und dem Leadership, bevor zentrale Modelle und Konzepte ausgezeigt werden. Aufbauend werden konzeptionelle Grundlagen des New Leaderships skizziert. Ein Überblick über die Herausforderungen der Führung sowie über bestehende Führungsprobleme soll zur konzeptionellen Ergänzung beitragen.

3.1 Begriffliche Auseinandersetzung mit der Führung und dem Leadership

Sowohl in der älteren als auch in der aktuellen Literatur lassen sich zahlreiche Definitionen von Führung identifizieren.[16] Relativ weitreichenden Konsens erfahren seit den 1980er Jahren Definitionen, die Führung als gezielte, bewusste Einflussnahme auf die Mitarbeiter erfassen.[17] Unklar bleibt aber damit, wohin gehend Mitarbeiter beeinflusst werden sollen. In der Literatur wird für das Verständnis von Führung darauf hingewiesen, dass diese stets als Spiegel der jeweiligen Zeit zu erfassen sei.[18] Dazu lassen sich erhebliche zeitliche Entwicklungen im Zuge der industriellen Evolution aufzeigen.[19] Vor der industriellen Entwicklung dominierten Arbeitsformen, in denen der alltägliche Bedarf weitreichend selbst erzeugt wurde, mit der Industrialisierung dominierten Arbeitsformen der angestellten Erwerbstätigkeit.[20] Während vorindustrielles Arbeiten abseits von Sklaventum und Leibeigenschaft maßgeblich von gesellschaftlicher Arbeitsteilung und weitreichender Autonomie in der Tätigkeitsausübung selbst geprägt war und Führung sich in diesem Kontext auf einen politischen oder militärischen Rahmen fokussierte,

---

[16] Vgl. Werther, Simon (2014): Geteilte Führung, Ein Überblick über den aktuellen Forschungsstand, Wiesbaden, S. 5
[17] Vgl. Werther (2014): S. 5; Holtbrügge, Dirk (2018): Personalmanagement, 7. Auflage, Wiesbaden, S. 234; Nerdinger, Friedemann (2014): Führung von Mitarbeitern. IN: Nerdinger, Friedemann; Blickle, Gerhard; Schaper, Niclas (Hrsg.). Arbeits- und Organisationspsychologie, 3. Auflage, Berlin et al., S. 83-102
[18] Vgl. Enderle, Inga (2018): Kollegiale Selbstverwaltung als Führungsprinzip, Wiesbaden, S. 53
[19] Vgl. Werther, 2014: S. 5; Berger, Peter (2018): Praxiswissen Führung. Grundlagen – Reflexion Haltung, Wiesbaden, S. 9
[20] Vgl. Berger (2018): S. 4 ff.; Bonazzi, Guiseppe; Tacke, Veronika (2014): Taylorismus oder wissenschaftliche Betriebsführung. IN: Tacke, Veronika (Hrsg.): Geschichte des organisatorischen Denkens, 2. Auflage, S. 25-46

verfolgte Führung mit der industriellen Entwicklung die Transformationsfunktion von Führung, d.h. darauf das Arbeitsvermögen zu Leistung zu transformieren.[21] Vordergründiges Beeinflussungsziel war dabei die Effizienz und Effektivität dieser Transformation bemessen am Output.[22]

Die 1950-1960er Jahre waren weitreichend von Unternehmenspatriarchen geprägt, bei denen vielfach autoritäre oder zumindest patriarchalische Führungskonzepte bei deutlicher Hierarchie überwogen.[23] Der Führung wurden die wesentlichen Tätigkeiten der Aufgabenverteilung, der Anweisungsvergabe und der Ergebniskontrolle zugrunde gelegt.[24]

Dass sich die Beeinflussungsziele fortführend verbreitet haben, kann sowohl auf die Veränderungen der Arbeitswelt, als auch auf Erkenntnisse der Forschung zurückgeführt werden, die sich in unterschiedlichen Konzepten niederschlugen.[25]

In den letzten zwei Dekaden wurde der Begriff Leadership (dt. Führerschaft) zunehmend in der deutschen Literatur verwendet, um Führung zu bezeichnen.[26] Neben der begrifflichen Assoziation mit Modernität und Internationalität wird das Leadership oft auch dazu verwendet, ein modernes Führungsverständnis zu beschreiben.[27] Auch kann dem Leadership eine suggestive Kraft in Hinblick auf den Führungserfolg beigemessen werden, so wird ein Leader oftmals mit einer erfolgreichen Führungstätigkeit verknüpft, ohne dass verbindlich positive Ergebnisse erkennbar sein müssen.[28]

Als Initiator des Begriffs New Leadership, der die moderne Perspektive verdeutlichen soll, gilt Alan Bryman.[29] In seiner 1992 erschienenen Publikation konzentrierte er sich auf die Entwicklung, dass die Führung seit den 1980er Jahren die Beziehung zwischen Führungskraft und Mitarbeiter stärker fokussierte sowie die

---

[21] Vgl. Rose, Nico (2015): Demokratisierung von Unternehmensleitung: Führung auf Zeit, Führung von unten, Führung ohne Führung. IN: Widuckel, Werner et al. (Hrsg.): Arbeitskultur 2020, Herausforderungen und Best Practices der Arbeitswelt der Zukunft, Wiesbaden, S. 323-334; Berger (2018): S. 4; 9
[22] Vgl. Berger (2018): S. 4;9
[23] Vgl. Peters (2015): S. 4
[24] Vgl. ebd.
[25] Vgl. Kapitel 2.2
[26] Vgl. Peters (2015): S. 1 f.
[27] Vgl. ebd.; Weibler; Endres (2016): S. 13 ff.
[28] Vgl. Peters (2015): S. 2
[29] Vgl. ebd.: S. 5

Förderung von Engagement (Motivation) und die Ermächtigung/Verantwortungsübertragung an die Mitarbeiter (Empowerment).[30] Auch die Berücksichtigung zukünftiger Entwicklungen der Unternehmensumwelt wurde dem New Leadership zugeordnet, während Fähigkeiten der Gehorsamkeitsgenerierung, der Machterhaltung und der reinen Reaktion auf Umweltveränderungen zunehmend in den Hintergrund rückten.[31]

3.2 Modelle und Konzepte zur Führung

Führungsmodelle und -konzepte werden maßgeblich dazu herangezogen, um die Art der Führung und die der Führung zugrunde liegenden normativen Annahmen zu beschreiben.[32] Dabei lassen sich verschiedene Kategorisierungen verzeichnen, die sich oftmals nach Merkmalen der Führungskraft und deren Verhalten, Merkmalen der Geführten und der Situation einteilen lassen bzw. sich an der Unterscheidung der Theoriestränge Eigenschafts-, Verhaltens-, Situations- und Interaktionstheorien orientieren.[33] Diese Grundlagen sollen nachfolgend umrissen werden.

Eigenschaftstheorien sehen Eigenschaften des Führers als wesentliches Merkmal seines Erfolges und dominierten in den 1950er Jahren.[34] So erfasste die Great Man Theorie die effektivste Arbeitsgruppe als diejenige, die den besten Führer (Great Man) hatte.[35] Die Vorstellung des Großen Mannes wurde fortfolgend oftmals als anekdotische Heldenglorifizierung und als unwissenschaftlich eingestuft.[36] Ungeachtet der Kritik ließen sich Persönlichkeitseigenschaften (maßgeblich orientiert an Fünf-Faktoren-Modell der Persönlichkeit) als bedeutsame Faktoren des Führungserfolgs identifizieren.[37] Persönlichkeitseigenschaften bezeichnen die zeitlich

---

[30] Vgl. ebd.
[31] Vgl. ebd.
[32] Vgl. Nerdinger (2014): S. 84
[33] Vgl. Holtbrügge (2018): S. 245 ff.; Werther, Simon (2015): Einführung in Feedbackinstrumente in Organisationen. Vom 360°-Feedback bis hin zur Mitarbeiterbefragung, Berlin et al., S. 6
[34] Vgl. Nerdinger (2014): S. 86; Borgatta, Edgar, Bales, Robert F., Couch, Athur S. (1954): Some findings relevant to the great man theory of leadership. IN: American Sociological Review, 19 (1956), S. 755-759
[35] Vgl. Borgatta, Edgar; Bales, Robert F.; Couch, Athur S. (1954): Some findings relevant to the great man theory of leadership. IN: American Sociological Review, 19 (1956), S. 755
[36] Vgl. Organ, Dennis (1996): Leadership: The great man theory revisited. IN: Business Horizons, 39 (1996), S. 1-4
[37] Vgl. Furtner, Marco; Baldegger, Urs (2016): Self-Leadership und Führung, Theorien, Modelle und praktische Umsetzung, 2. Auflage, Wiesbaden, S. 13 f.; Nerdinger (2014): S. 87 f.

relativ konstanten psychischen Eigenschaften einer Person.[38] Die Forschung in diesem Feld hat auch Ergebnisse auf dem empirischen Niveau von Metaanalysen hervorgebracht. Nach der Metaanalyse von Judge, Bono, Ilies und Gerhardt, die 998 Studien auswerteten, zeigt sich eine negative Korrelation zwischen Führungserfolg (gemessen an Ratings der Studien) und Neurotizismus (r= -.24), während Extraversion (r = .31), Offenheit für Erfahrung (r= .24), Gewissenhaftigkeit (r = .28) und Verträglichkeit (r =.08) signifikant (p = 0.05) positiv mit dem Führungserfolg assoziiert sind.[39] Mit diesen Korrelationen lassen sich also nicht nur Persönlichkeitseigenschaften aufzeigen, denen positive Auswirkungen auf den Führungserfolg beigemessen werden können, sondern auch negative in Form des Neurotizismus, der bei hohen Ausprägungen Nervosität, Unsicherheit, unrealistische Ideen sowie eine geringe Fähigkeit zur Emotionsregulation und zur angemessenen Reaktion auf Stresssituationen umfasst.[40] Niedrige Ausprägungen der Verträglichkeit, charakterisiert durch Rohheit, Arglistigkeit, Skepsis, Arroganz und Streitsucht, zeigten sich in der Forschung auch als Korrelate von kontraproduktivem Verhalten (operationalisiert als disziplinäre Probleme, der Missachtung von organisationalen Regeln und des Drogenmissbrauchs).[41]

Neben den Persönlichkeitseigenschaften kann auch den kognitiven Fähigkeiten (Intelligenz) einer Person eine Bedeutung für ihren Leistungserfolg zugeordnet werden.[42] In einer Metaalanalyse zum Zusammenhang von Intelligenz und Führungserfolg entfiel der Zusammenhang jedoch mit r = .27 (p = 0.05) niedriger als von den Autoren erwartet und ist somit als moderater Zusammenhang zu bezeichnen.[43] Nerdinger verweist im Zusammenhang mit diesem Ergebnis auf einen möglichen Verzerrungseffekt, da Führungskräfte oftmals aufgrund ihrer kognitiven Fähigkeiten ausgewählt werden und sich in den Stichproben der verwendeten

---

[38] Vgl. Neyer, Franz J.; Asendorpf, Jens B. (2018): Psychologie der Persönlichkeit, 6. Auflage, Berlin et al., S. 2 f.
[39] Vgl Judge, Timothy A et al. (2002): Personality and leadership. A qualitative and quantitative review. IN: Journal of applied psychology, 87 (2002), S. 765-780.; Nerdinger (2014): S. 88
[40] Vgl. ebd.: S. 87
[41] Vgl. Salgado, Jesus F. (2002): The Big Five personality dimensions and counterproductive behaviors. IN: International Journal of Selection and Assessment, 10 (2002), S. 118 ff.
[42] Vgl. Nerdinger (2014): S. 87
[43] Vgl. Judge, Timothy A.; Colbert, Amy E.; Ilies, Remus (2004): Intelligence and leadership: a quantitative review and test of theoretical propositions. IN: Journal of Applied Psychology, 89 (2004), S. 545

Studien Cluster mit hoher Intelligenz aber niedriger Varianz gebildet haben könnten, die eine Ergebnisverzerrung begründen könnten.[44]

Verhaltenstheorien differenzieren zwischen verschiedenen Verhaltensstilen der Führungskraft (sog. Führungsstile) und fokussieren die Frage, welcher dieser Stile eine erfolgreiche Führungskraft begründet.[45] In diesem Feld bestehen zahlreiche Ansätze zur Kategorisierung des Führungsverhaltens. So differenzieren einige Typologien zwischen dem Entscheidungsspielraum der Führungskraft und dem der Gruppe[46], wie die folgende Zuordnung aufzeigt:

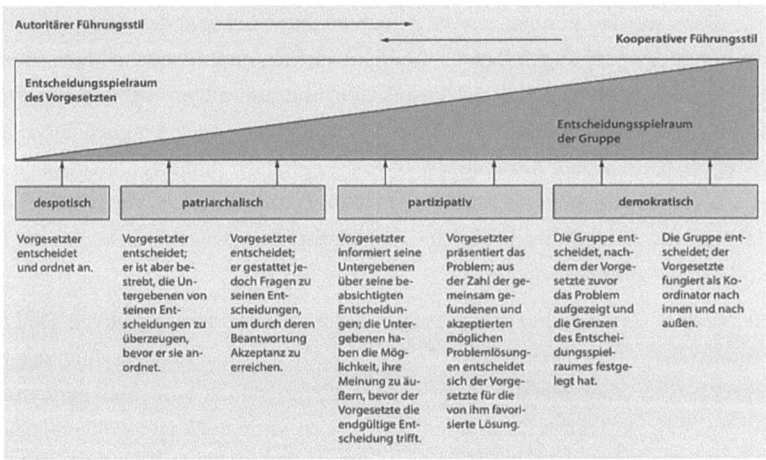

Abbildung 1: Typologie von Führungsstilen nach Entscheidungsspielraum[47]

In der Forschung weit verbreitet sind auch Typologien, die unter verschiedenen Bezeichnungen nach dem Managerial Grid von Blake und Mouton aus den 1960er Jahren zwischen der Mitarbeiterorientierung (Consideration) und der Machtorientierung oder Sachorientierung (Initiating Structure) differenzieren.[48] In einer zweidimensionalen Typologie beschreibt die horizontale Achse den Anteil der Initiating Structure, worunter die aufgabenbezogene Organisation (Sachorientierung) sowie

---

44 Vgl. Nerdinger (2014): S. 87
45 Vgl. Holtbrügge (2018): S. 248
46 Vgl. Thommen, Jean-Paul et al. (2017): Allgemeine Betriebswirtschaftslehrer. Umfassende Einführung aus managementorientierter Sicht, S. 517
47 Abb.: Thommen, Jean-Paul et al. (2017): S. 517
48 Vgl. ebd.; Wunderer, Rolf (2011): Führung und Zusammenarbeit, eine unternehmerische Führungslehre, 9. Auflage, München, S. 246; Nerdinger (2014): S. 88

die Aktivierung und die Kontrolle (Macht) über die Mitarbeiter fallen.[49] Die horizontale Achse beschreibt den Anteil des prosozialen Verhaltens der Führungskraft (sog. Mitarbeiterorientierung).[50]

In der internationalen Forschung wird dies als Consideration bezeichnet und in die Indikatoren Wärme, Freundlichkeit, Vertrauen und Achtung der Mitarbeiter operationalisiert.[51]

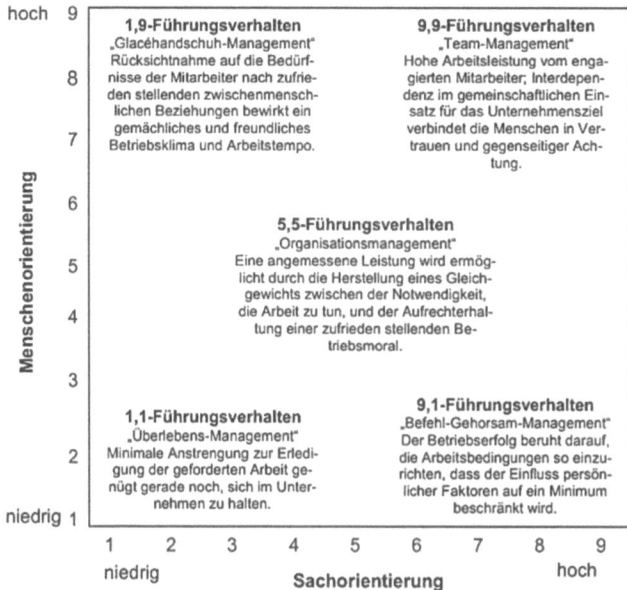

Abbildung 2: Typologie von Führungsstilen nach Mitarbeiterorientierung und Aufgabenorientierung (Managerial Grid)[52]

Wie damit deutlich wird, unterscheiden sich die Bezeichnungen der Stile in der Literatur erheblich, wurden zum Teil unter der gleichen Bezeichnung auch noch abweichend operationalisiert und zeigen dennoch vielfach Ähnlichkeiten und inhaltliche Überlappungen auf. Besonders die grundlegende Differenzierung nach dem

---

[49] Vgl. Wunderer (2011): S. 246; Nerdinger, 2014: S. 88
[50] Vgl. ebd.
[51] Vgl. ebd.
[52] Abb.: Holtbrügge (2018): S. 248

Managerial Grid gilt als umfassend erforscht[53], so dass in diesem Feld auch Ergebnisse aus Metaanalysen verfügbar sind.

In der Metaanalyse von Judge, Piccolo und Ilies (2004) wurde der Zusammenhang zwischen Führungserfolg (konstruktvalidiert als Gruppen- oder Organisationsleistung, Mitarbeiterzufriedenheit, Mitarbeitermotivation und Zufriedenheit mit der Führungsperson) und dem Führungsverhalten differenziert in Mitarbeiterorientierung und Aufgabenorientierung untersucht.[54] Die Mitarbeiterorientierung zeigte darin folgende signifikante Korrelationen ($p < .05$): Mitarbeiterzufriedenheit $r = .46$, Leistung (der Gruppe bzw. der Organisation) $r = .28$, Zufriedenheit mit der Führungsperson $r = .78$ und Mitarbeitermotivation $r = .50$.[55] Demgegenüber war die Aufgabenorientierung in den meisten Feldern unterlegen: Mitarbeiterzufriedenheit $r = .22$, Leistung (der Gruppe bzw. der Organisation) $r = .30$, Zufriedenheit mit der Führungsperson $r = .33$ und Mitarbeitermotivation $r = .40$.[56] Wie deutlich wird, entfiel der Zusammenhang zur Leistung (der Gruppe bzw. der Organisation) bei der Aufgabenorientierung gegenüber der Mitarbeiterorientierung zwar marginal höher ($r = .30$ vs. $r = .28$), in den anderem Merkmalen zeigte sich jedoch eine deutliche Überlegenheit der Mitarbeiterorientierung.

Situationstheorien gründen hingegen auf der Ausgangsannahme, dass der Führungserfolg von situativen Rahmen abhängig sei, so dass Führungskräfte erfolgreich seien, die ihr Führungsverhalten besonders umfassend an die Situation anpassen können.[57] Hier sind sehr unterschiedliche theoretische Konzeptionen vertreten, die trotz ihrer frühen Entstehung in den 1960er - 19070er Jahren keine oder keine hinreichende empirische Fundierung erreichen konnten und deren Eignung in der Literatur insbesondere der Verbesserung von situationsanalytischen Kompetenzen von Führungskräften zugeordnet wird.[58] Dazu lassen sich das 3-D-Programm von Reddin, die Reifegradtheorie von Hersey und Blanchard, die Kontingenztheorie von Fiedler und das normatives Entscheidungsmodell von Vroom und

---

[53] Vgl. Nerdinger (2014): S. 88 f.; Holtbrügge (2018): S. 250 ff.
[54] Vgl. Judge, Timothy A.; Piccolo, Ronald F.; Ilies, Remus (2004): The forgotten ones? The validity of consideration and initiating structure in leadership research. IN: Journal of Applied Psychology, 89 (2004), S. 40
[55] Vgl. Judge; Piccolo; Ilies (2004): S. 40
[56] Vgl. ebd.
[57] Vgl. Holtbrügge (2018): S. 251
[58] Vgl. ebd. S. 218 ff.

Yetton zählen.[59] Dennoch kann der Situation in der ganzheitlichen Betrachtung ein Einfluss darauf zugrunde gelegt werden, welches Verhalten eine Führungskraft zeigt, wie das Verhalten von Mitarbeitern wahrgenommen wird und welches Verhalten die Mitarbeiter daraufhin zeigen.[60] Zu den in der Literatur bekannten situativen Merkmalen, denen ein Einfluss zugrunde gelegt wird, zählen unter anderem die Marktbedingungen (z. B. die Ersetzbarkeit von Mitarbeitern auf dem Personalmarkt als Angebot-Nachfrage-Relation), die Machtmittel der Führungskraft im Unternehmen, der Schwierigkeitsgrad von Aufgaben, vorhandene Hilfsmittel (z. B. technische oder organisatorische), die Hilfsbereitschaft im Team und die Einstellung des Betriebsrats.[61]

Interaktionstheorien greifen das Zusammenspiel von Mitarbeitern und Führung auf und erfassen Führung als Prozess der gegenseitigen Beeinflussung.[62] Zentrale Ansätze dieses Felds werden nachfolgend skizziert.

Die Dyadische Führungstheorie fokussiert die Beziehung zwischen der Führungskraft und dem individuellen Mitarbeiter.[63] Jede Führungskraft hat demnach eine spezifische Beziehung zu jedem Mitarbeiter, welche eine unterschiedliche Qualität aufweist[64]:

- Eine positive Qualität der Beziehung wird durch einen ungezwungenen Umgang und wechselseitige Einflussnahme geprägt, wobei die Führungskraft die Mitarbeiter wertschätzt und fördert.[65] Bezugnehmend auf die Theorie der Sozialen Identität, die Gruppenbildungsprozesse erklärt, werden dabei Mitarbeiter und Führungskraft als eine Gruppe (Ingroup) wahrgenommen.[66]

---

[59] Vgl. ebd.
[60] Vgl. Nerdinger (2014): S. 85
[61] Vgl. ebd.
[62] Vgl. Peters, 2015: S. 30
[63] Vgl. ebd.; Seele, Hagen (2016): Die Wirkung von enttäuschten Mitarbeitererwartungen an Per-sonalführung. Attributionstheoretische Effekte und Handlungskonsequenzen, Wiesbaden, S. 40
[64] Vgl. Seele (2016): S. 40
[65] Vgl. Peters (2015): S. 30
[66] Vgl. ebd.; Kessler, Thomas; Fritsche, Immo (2018): Sozialpsychologie, Berlin et al., S. 76 ff.

- Eine neutrale bis negative Qualität der Beziehung wird durch Distanz gekennzeichnet und von einem formellen Umgang geprägt.[67] Die Führungskraft kontrolliert die Mitarbeiter und beachtet diese weniger.[68] Die Mitarbeiter gehören hier nicht zur Gruppe der Führungskraft, sondern zur Outgroup.[69]

Der Idealfall wird in einer positiven Beziehungsqualität gesehen, für die sowohl ein Bindungsfaktor der Mitarbeiter, als auch ein Reduktionsfaktor von Konflikten zugrunde gelegt wird.[70] Ferner wird die positive Beziehungsqualität auch als Grundlage der Führungskraft erachtet, dem Mitarbeiter mehr eigenständiges Handeln zuzugestehen.[71] Aus der Forschung sind verschiedene Hinweise bekannt, die die Annahme stützen, dass eine positive Beziehungsqualität Mitarbeiterzufriedenheit und Motivation stützt, wie z. B. die angeführte Metaanalyse von Judge, Piccolo und Ilies zum Beziehungsorientierten Führungsstil nahelegt.[72] Auch Untersuchungen zur psychischen Belastung von Mitarbeitern legen die Bedeutung einer positiven Beziehung zur Führungskraft nahe, so korreliert im Fehlzeitenreport 2018 die Beziehungsqualität signifikant negativ ($p = .001$) mit Fehlzeiten von Mitarbeitern ($r = -.048$), dem Phänomen einer inneren Kündigung als Reduktion der Arbeitsleistung auf ein Minimum und Distanzierung von der Tätigkeit) ($r = -.108$) und dem Burnout ($r = -.108$).[73] Adaptierend an den Bezug zur Sozialen Identitätstheorie konnten Steffens, Haslam, Schuh, Jetten und Dick aufzeigen, dass die Soziale Identifikation mit der Organisation (Ingroup) das Gesundheitsempfinden der Mitarbeiter positiv beeinflusst ($r = .21$, $p = p < .05$).[74] Jedoch wurde die Beziehung zur Führungskraft in der Metaanalyse nicht isoliert untersucht.[75]

---

[67] Vgl. Peters (2015): S. 30
[68] Vgl. ebd.
[69] Vgl. ebd.
[70] Vgl. ebd.
[71] Vgl. ebd.
[72] Vgl. Judge; Piccolo; Ilies (2004): S. 40
[73] Vgl. Ehresmann, Cona; Badura, Berhard (2018): Sinnquellen in der Arbeitswelt und ihre Bedeutung für die Gesundheit. IN: Badura, Bernhard et al. (Hrsg.): Fehlzeiten-Report 2018, Sinn erleben – Arbeit und Gesundheit, Berlin et al., S. 55
[74] Vgl. Steffens, Niklas K. et al. (2017): A meta-analytic review of social identification and health in organizational contexts. IN: Personality and Social Psychology Review, 21 (2017), S. 322
[75] Vgl. Steffens (2017): S. 322

Die Theorie des Idiosynkrasiekredits nach Hollander aus den 1950er Jahren fokussiert ebenfalls die Beziehung und verfolgt die Annahme, dass die Führung durch Leistung, Kompetenz und gruppenkonformem Verhalten einen Idiosynkrasiekredit (Vertrauensvorschuss) erlangt, der der Führungskraft Einfluss auch zugunsten von Veränderungen ermöglicht.[76] Empirische Hinweise auf die Beziehung zwischen einem Idiosynkrasiekredit (nach den Indikatoren von Hollander) und dem Führungserfolg (gemessen über Ratings der Untersuchungsteilnehmer) konnten von Estrada, Brown und Lee erbracht werden.[77] In der Erhebung (n =29) korrelierte der Idiosynkrasiekredit mit dem Führungserfolg signifikant positiv (r = .62, p = .01). Die Theorie geht auch davon aus, dass Misserfolge, den Kredit aufzehren, was in der Erhebung (konstruktvalidiert als verpasste Meetings) mit einer signifikant negativen Korrelation (r = -.66, p = .01) bestätigt wurde.[78]

Auch das Einfluss-Prozess-Modell zählt zu den in der Literatur als zentral eingestuften Ansätzen dieses Theoriestrangs.[79] Hier stehen die Einflusspotenziale der Führungskraft im Fokus, der Einfluss der Führungskraft hängt ansatzgemäß von der Einflussbereitschaft der Führungskraft ab, die wie folgt von einem Zielkonsens beeinflusst wird[80]:

- Ermöglicht die Beeinflussung die Realisierung gemeinsamer Ziele und bestehen möglichst wenige Hindernisse dafür, so kann die Führungskraft ihrem Einfluss wahrscheinlich wahrnehmen.[81]
- Sind die Ziele nicht vereinbar, entstehen wahrscheinlich Durchsetzungsprobleme der Führungskraft, so dass der Beeinflussungserfolg auf anderweitige Faktoren abgestellt ist, wozu die Machtmittel der Führung, ihre Persönlichkeitswirkung, die Bindungsqualität zwischen Führungskraft und Mitarbeiter, die informelle Macht der Mitarbeiter (z. B. Wissen über

---

[76] Vgl. Peters (2015): S. 32; Estrada, Michelle; Brown, Justin; Lee, Fiona (1995): Who gets the credit? Perceptions of idiosyncrasy credit in work groups. IN: Small Group Research, 26 (1995), S. 58
[77] Vgl. Estrada (1995): S. 65 ff.
[78] Vgl. ebd.: S. 68
[79] Vgl. Peters (2015): S. 32 ff.; Schreyögg, Astrid (2010): Coaching für die neu ernannte Führungskraft, 2. Auflage, Wiesbaden, S. 47
[80] Vgl. Schreyögg (2010): S. 47
[81] Vgl. ebd.: S. 47 f.

vorhandene oder nicht vorhandene Sanktionsmöglichkeiten) und die Expertise der Führung gezählt werden.[82]

Empirische Hinweise auf eine Bestätigung des Modells konnten jedoch nicht identifiziert werden, was auch der Komplexität des Modells und der daraus resultierenden Erfassungsbarriere geschuldet sein könnte.

3.3 Konzeptionelle Grundlagen des New Leaderships

Wie in Kapitel 2.1 angerissen, nimmt die Literatur zum New Leadership weitreichenden Bezug zu den aktuellen Herausforderungen der Führung, ohne sich dabei konkret zu begrenzen. Mit Themenschwerpunkten auf Führung unter Knappheit der Personalmärkte, Diversität von Mitarbeitern und daraus resultierenden Bedürfnisunterschieden, Mitarbeiterzufriedenheit, -motivation und -bindung[83] ordnet die konzeptionelle Literatur dem Feld insbesondere die Ansätze der emotionalen Führung und der transaktionalen und transformationalen Führung zu.[84]

Emotionale Führung lässt sich konzeptionell auf Goleman, Boyatzis und McKee zurückführen.[85] Demnach begründet die ‚richtige' emotionale Führung den Führungserfolg.[86] Als Grundlagen dafür werden die Dimensionen emotionaler Intelligenz erfasst:[87]

- Selbstwahrnehmung bezeichnet die dynamische Wahrnehmung der eigenen Emotionen, das Verständnis eigener Werte, Träume und Ziele. Theoriegemäß ist dies ein relevanter Faktor, um Mitarbeiter mit den eigenen Zielen zu infizieren. In der Emotionspsychologie gilt die Selbstwahrnehmung zugleich auch als Ausgangslage der emotionalen Steuerungsfähigkeit, d.h. um Emotionen und deren Ausdruck nach außen

---

[82] Vgl. ebd.; Peters (2015): S. 32 ff.
[83] Vgl. Peters (2015): S. 2; Weibler; Endres (2016): S. 14; Au (2017), S. 17
[84] Vgl. Peters (2015): S. 47 ff.
[85] Vgl. ebd.: S. 47 ff.
[86] Vgl. ebd.
[87] Vgl. Goleman, Daniel; Boyatzis, Richard; McKee, Annie (2006): Emotionale Führung. IN: Boersch, Cornelius; Diest, Friedrich von (Hrsg.): Das Summa Summarum des Erfolgs, Wiesbaden, S. 223 f.; Arnold Rolf (2011): Emotionale Führung. IN: Göhlich, Michael et al. (Hrsg.): Organisation und Führung, Wiesbaden, S. 304

steuern zu können, was auch für die Handlungssteuerung als bedeutsam gilt.[88]

- Selbstmanagement bezeichnet im Ansatz die Fähigkeit zur emotionalen Steuerung. Es wird darauf hingewiesen, dass die Steuerungsfähigkeit dafür ausschlaggebend ist, die Emotionen unabhängig von der Umwelt zu machen. Handlungen erfolgen entsprechend kontrolliert und reflektiert. Besonders für die Bewältigung negativer Emotionen gilt diese Steuerung als zentral, um die Auswirkungen nicht auf andere Akteure auszubreiten.[89]
- Soziales Bewusstsein adaptiert an die Fähigkeit einer Führungskraft zur Empathie, d.h. die Emotionen der anderen erfassen zu können und ihre Bedürfnisse zu erkennen, und zählt zu den emotionalen Kompetenzen.[90] Diese Empathie wird als die Grundlage sozialer Effektivität eingeordnet.
- Beziehungsmanagement bezeichnet die instrumentellen Fähigkeiten der Führungskraft, wozu Überzeugungskraft, Konfliktmanagement und positive Zusammenarbeit gezählt werden. Damit wird theoriegemäß nicht darauf angesprochen, dass die Führungskraft es jedem Mitarbeiter recht machen muss, sondern dass sie fähig sein soll, der Arbeit der Mitarbeiter Sinnstiftung und eine gemeinsame Mission zu vermitteln.

Die Führungsstile differenzieren Goleman, Boyatzis und McKee in harmonisch und dissonant.[91] Zu den harmonischen Stilen zählen:

- der visionäre Führungsstil, d.h. die Vision ist vorgegeben aber der Weg dahin frei wählbar.[92] Hier ist anzumerken, dass der Handlungsspielraum im Arbeitsanforderungs-Tätigkeitsspielraum-Modell der Arbeitsbelastung als bedeutsamer Schutzfaktor von psychosozialen Arbeitsbelastungen gilt, so dass die Handlungsfreiheit des Stils positiv eingestuft werden kann.[93]

---

[88] Vgl. Brandstätter, Veronica et al. (2018): Motivation und Emotion. Allgemeine Psychologie für Bachelor, 2. Auflage, Berlin et al., S. 222 ff.
[89] Vgl. Brandstätter (2018): S. 222 ff.
[90] Vgl. ebd.: S. 244
[91] Vgl. Goleman; Boyatzis; McKee (2006): S. 224 f.
[92] Vgl. ebd.
[93] Vgl. Metz, Anna-Marie; Rothe, Heinz-Jürgen (2017): Screening psychischer Arbeitsbelastung. Ein Verfahren zur Gefährungsbeurteilung, Wiesbaden, S. 17

- der coachende Führungsstil wird als „Kunst der individuellen Förderung"[94] bezeichnet, hier wird die Fähigkeit zum Delegieren betont und die Herausforderung des Mitarbeiters zugunsten seines Wachstums.[95] Auch bei kurzfristig schlechten Leistungen vermittelt die Führungskraft dem Mitarbeiter, dass sie an sein Potenzial glaubt und erwartet, dass er dieses Potenzial erschließt.

- der gefühlsorientierte Führungsstil konzentriert sich auf die Harmonie und die emotionalen Mitarbeiterbedürfnisse, besonders das Konfliktmanagement zählt hier zu den zentralen Kompetenzen der Führungskraft.[96] Als Risiko wird hier benannt, dass die Harmonieorientierung zu weit gehen könnte, der Mitarbeiter kein korrektives Feedback mehr erhält und seine Leistung reduziert.[97]

- der demokratische Führungsstil rekurriert auf Teamwork, Kooperation und Konfliktmanagement und bietet sich theoriegemäß besonders dann an, wenn die Führung auf die Fähigkeiten der Mitarbeiter angewiesen ist.[98] Als kontraindiziert wird der Stil theoriegemäß erfasst, wenn schnelle Entscheidungen im Zuge von Krisen erforderlich sind.[99]

Als dissonant gelten der fordernde Stil mit hoher Zielfixierung bei geringer Empathie und geringer Berücksichtigung der Mitarbeiter und der befehlende Stil als autoritäre Führung mit ausgeprägter Kontrolle der Mitarbeiter, der sich durch viel Kritik und wenig Lob auszeichnet.[100]

Obgleich die Theorie in vielen Einzelbereichen schlüssig erscheint, wurde das Konzept der emotionalen Intelligenz selbst kontrovers diskutiert, entstandene Wirksamkeitsbelege der emotionalen Intelligenz von Führungspersonen (z. B. in Bezug auf Führungseffektivität und Mitarbeiterzufriedenheit[101]) wurden zum Teil

---

[94] Vgl. Goleman; Boyatzis; McKee (2006): S. 225
[95] Vgl. ebd.
[96] Vgl. ebd.
[97] Vgl. ebd.
[98] Vgl. ebd.
[99] Vgl. ebd.
[100] Vgl. ebd.
[101] Vgl. Prati, Melita L. et al. (2003): Emotional intelligence, leadership effectiveness, and team outcomes. IN: The International Journal of Organizational Analysis, 11, S. 22 ff.; Jordan, Peter J.; Troth, Ashlea (2011): Emotional intelligence and leader member exchange: The

methodische Erfassungsprobleme insbesondere bei den Messinstrumenten der Emotionalen Intelligenz zugeordnet.[102] Darüber hinaus bestand die Kritik, inwiefern sich die emotionale Intelligenz sich mit Persönlichkeitsfaktoren überschneidet, die als höhere Ordnung in der Psychometrik erfasst werden.[103] Andrei, Siegling, Aloe, Baldaro und Petrides griffen die Problematik der Eingrenzbarkeit in ihrer Metaanalyse auf und konnten eigene Effekte der emotionalen Intelligenz in 105 Ergebnisvariablen erfassen, die sie jedoch nicht näher spezifizierten, und die durchschnittlich relativ klein (d= .06) ausfielen.[104] Es ist also anzunehmen, dass die Persönlichkeit der Führungsperson, weitere psychische Variablen sowie weitere Einflussfaktoren (z. B. der Geführten und der Organisation) mit den positiven Ergebnissen der emotionalen Intelligenz in Verbindung stehen dürften.[105] Auch die Metaanalyse von Linden, Pekaar, Bakker, Schermer, Vernon, Dunkel und Petrides verweist auf eine erhebliche Überlappung der emotionalen Intelligenz mit einem Persönlichkeitsfaktor.[106] Der sogenannte generelle Persönlichkeitsfaktor GFP beschreibt die allgemeine soziale Wirksamkeit einer Person.[107] In der Metaanalyse zeigte dieser eine signifikante Korrelation von r = .85 (p > .001) mit der Emotionalen Intelligenz, was die Eigenständigkeit der Emotionalen Intelligenz konzeptionell hinterfragbar gestaltet.[108] Auch korreliert die Emotionale Intelligenz im Regressionsmodell der Metaanalyse über einen Persönlichkeitsfaktor höherer Ordnung (Alpha) mit den Persönlichkeitsfaktoren der Big Five, was auch in diesem Kontext Kritik an der Eigenständigkeit und dem Nutzen des Konzepts begründet.[109] Hier kann angemerkt werden, dass das Konzept der Emotionalen Intelligenz Fähigkeiten als Idealfall von Führung suggeriert, die jedoch weitreichend in den zeitlich relativ stabilen Persönlichkeitseigenschaften des Führenden verortet zu liegen

---

relationship with employee turnover intentions and job satisfaction. IN: Leadership & Organization Development Journal, 32 (2011), S. 263 ff.

[102] Vgl. Andrei, Frederica et al. (2016): The incremental validity of the Trait Emotional Intelligence Questionnaire (TEIQue): A systematic review and meta-analysis. IN: Journal of personality assessment, 98 (2016), S. 261

[103] Vgl. Andrei (2016): S. 261 ff.

[104] Vgl. ebd.: S. 271

[105] Vgl. ebd.: S. 273

[106] Vgl. Linden, Dimitri van den et al. (2017): Overlap between the general factor of personality and emotional intelligence: A meta-analysis. IN: Psychological Bulletin, 143 (2017), S. 36

[107] Vgl. Linden (2017): S. 36 f.

[108] Vgl. ebd.: S. 43 f.

[109] Vgl. ebd.

scheinen, was einen stärkeren Fokus auf Maßnahmen der Führungskräfteselektion gegenüber der Führungskräfteentwicklung begründen würde.

Weiterhin zählt die konzeptionelle Literatur die transaktionale und transformationale Führung zu den Grundlagen des New Leaderships.[110] Als transaktionale Führung wird ein Austauschprozess zwischen Führung und Mitarbeiter beschrieben, in der beide Parteien nach der Maximierung ihres eigenen Nutzens streben.[111] Die Führungskraft bringt demnach ihre Mitarbeiter dazu, die vergebenen Ziele gegen Belohnungen erreichen zu wollen, was einen Fokus auf die extrinsische (d.h. von außen herangetragene) Motivation begründet.[112] In Abhängigkeit vom erreichten Zielerreichungsgrad werden die Mitarbeiter belohnt oder sanktioniert.[113]

Der transaktionalen Führung liegen theoriegemäß folgende Prinzipien zugrunde:

- es erfolgt eine Erwartungserklärung, d.h. die Führung erklärt den Mitarbeitern, welche Leistungen sie von ihnen erwartet.[114] Es werden bedürfnisorientierte Anreize für den Mitarbeiter individuell ausgewählt.[115]

- eine Leistungszusicherung wird vorgenommen, d.h. die Führung erklärt den Mitarbeitern, welche Gegenleistungen sie für die erreichte Leistung und welche Sanktionen sie bei Zielverfehlung erhält.[116]

---

[110] Vgl. Peters (2015): S. 52 ff.
[111] Vgl. ebd.; Franken, Swetlana (2016): Führen in der Arbeitswelt der Zukunft. Instrumente, Techniken und Best-Practice-Beispiele, Wiesbaden, S. 39
[112] Vgl. Franken (2016): S. 39
[113] Vgl. ebd.
[114] Vgl. ebd.; Peters (2015): S. 53
[115] Vgl. ebd.
[116] Vgl. ebd.

Innerhalb der transaktionalen Führung differenziert die Theorie zwischen verschiedenen Stilen[117]:

- aktives Management-by-Exception beschreibt einen Stil mit hohem Kontrollgrad, bei dem die Führungskraft genau die Abweichungen beobachtet und bei Fehlern umgehende Korrekturmaßnahmen einleitet.[118] Der militärisch anmutende Stil wird in der Literatur kritisch reflektiert, da hier die Zufriedenheit der Mitarbeiter reduziert werden kann.[119] Auch hier ist darauf hinzuweisen, dass Handlungsfreiheit zu den Schutzfaktoren der psychosozialen Arbeitsbelastung gezählt werden kann.[120] Auch Kreativität und Innovationsfähigkeit der Mitarbeiter könnten hier gefährdet werden.[121]
- passives Management-by-Exception stellt einen Stil mit mittlerem Kontrollgrad dar, bei dem die Führungskraft mit Korrekturmaßnahmen erst eingreift, wenn ein Problem eingetreten ist.[122] Im Fokus steht also die Ergebniskontrolle.[123]
- bedingte Belohnung beschreibt einen Stil mit niedrigem Kontrollgrad, bei der die Führung Verantwortlichkeiten klärt und herausfordernde Ziele vereinbart.[124] Belohnungen und Sanktionen erfolgen in Abhängigkeit von der Leistung.[125]

Die Ausgewogenheit der Ziele sowie das Feedback der Führungskraft werden als entscheidende Faktoren der Mitarbeitermotivation und der Leistung betrachtet.[126] Zu den praktischen Formen der transaktionalen Führung zählt auch das Management-by-Objectives, bei dem Ziele als Kompromiss zwischen den Zielen, die die Führungskraft und der Mitarbeiter vereinbart haben, und den individuellen Zielen

---

[117] Vgl. ebd.; Kauffeld, Simone; Ianiro, Patricia; Sauer, Nils (2014): Führung. IN: Kauffeld, Simone (Hrsg.): Arbeits-, Organisations- und Personalpsychologie für Bachelor, 2. Auflage, Berlin et al., S. 78 f.
[118] Vgl. Peters (2015): S. 53
[119] Vgl. Furtner; Baldegger (2016): S. 166
[120] Vgl. Metz; Rothe (2017): S. 17
[121] Vgl. Furtner; Baldegger (2016): S. 166
[122] Vgl. ebd.: S. 169 f.
[123] Vgl. Peters (2015): S. 53
[124] Vgl. ebd.
[125] Vgl. ebd.
[126] Vgl. Franken (2016): S. 39

des Mitarbeiters definiert werden.[127] Vorteilig erscheint hier die Einbindung des Mitarbeiters in die Zielsetzung, hier zeigen sich bereits erste Verbindungen zur intrinsischen Motivation, d.h. der Motivation aus dem Inneren des Mitarbeiters heraus.[128]

Der fehlende Bezug zur intrinsischen Motivation wurde am transaktionalen Ansatz kritisiert und begründete fortfolgend die Entwicklung des transformationalen Führungskonzepts als Erweiterung.[129] Auch hier wird eine Austauschbeziehung zugrunde gelegt, die jedoch gegenüber der transaktionalen Führung einen Fokus auf Emotionen und intrinsischer Motivation aufzeigt.[130] Anstelle von positiven Feedback und Anreizen werden dabei der Wunsch nach Selbstverwirklichung und die Identifikation mit den Visionen der Führung in den Fokus gesetzt, der Mitarbeiter soll also über seine Identifikation und seinen Wunsch nach Selbstverwirklichung in seinen Motiven, Werten und Zielen zugunsten „einer eine höhere Reifestufe"[131] nach der Bedürfnispyramide nach Maslow transformiert werden.[132] Als Basisstrategien der transformationalen Führung gelten[133]:

- Charisma (idealisierter Einfluss): Die Führungskraft ist überzeugend, positioniert sich ethisch verantwortungsvoll und betont das Vertrauen.
- intellektuelle Stimulation: Die Führung belohnt neue Lösungsansätze und innovative Perspektiven der Mitarbeiter. Mitarbeiter werden dabei unterstützt, eine kritische Haltung gegenüber dem Status quo einzunehmen
- inspirierende Motivation: Attraktive Zukunftsvisionen werden von der Führung formuliert, Aufgaben werden als bedeutsam betont. Optimismus und Engagement prägen das Verhalten der Führung.
- individualisierte Beachtung: Bedürfnisse und Fähigkeiten des Mitarbeiters werden von der Führung individuell berücksichtigt.

---

[127] Vgl. ebd.
[128] Vgl. Brandstätter et al. (2018): S. 113
[129] Vgl. Kauffeld; Ianiro; Sauer (2014): S. 79
[130] Vgl. ebd.
[131] Franken (2016): S. 40
[132] Vgl. ebd.: S. 39 f.; Kauffeld; Ianiro; Sauer (2014): S. 79
[133] Vgl. ebd.: S. 80

In verschiedenen Metaanalysen konnte ein Zusammenhang zwischen charismatischer Führung (Messinstrument: Multifactor Leadership Questionnaire, kurz MLQ) und unterschiedlichen Faktoren des Führungserfolgs (u. a. Mitarbeiterzufriedenheit, Leistung und Commitment) identifiziert werden, die Korrelationen entfielen dabei mittel bis hoch.[134] Im Vergleich der transaktionalen Führung und transaktionaler Führung zeigten sich in der Metanalyse von Dumdum, Lowe und Avolio (gemessen mit dem MLQ) konsistent zu früheren Erhebungen[135] höhere Zusammenhänge für Indikatoren der Führungswirksamkeit und der Mitarbeiterzufriedenheit bei der transformationalen Führung.[136]

Aufgrund der Codierung der Ausgangstudien kann jedoch nicht eindeutig rekonstruiert werden, welche Faktoren genau in das Konstrukt Wirksamkeit einbezogen wurden.[137] Die Koeffizienten für die Wirksamkeit und Zufriedenheit betrugen .68 für das Charisma, .68 für den idealisierten Einfluss, .55 für die inspirierende Motivation, .57 für die intellektuelle Stimulation und .59 für individualisierte Betrachtung.[138] Die Effektivitäts- und Zufriedenheitskoeffizienten der transaktionalen Führung lagen bei .50, im Detail lagen die Koeffizienten für Wirksamkeit und Zufriedenheit bei .76 für bedingte Belohnung und wie anhand der Kritik erwartet negativ -.09 für aktives Management-by-Exception und -.46 für das passive Management-by-Exception.[139] Auch die Metaanalyse von Sturm, Reiher, Heinitz, Soellner, die subjektive und objektive Indikatoren des Führungserfolgs einbezog (Gewinn, Rentabilität, Mitarbeiterzufriedenheit und Zusammenhalt) verzeichnete eine Überlegenheit der transformationalen Führung gegenüber der transaktionalen Führung (mittlere r = .40 transformational gegenüber r = .35 transaktional).[140] Die

---

[134] Vgl. DeGroot, Timothy; Kiker, D. Scott; Cross, Thomas C. (2000): A meta-analysis to review organizational outcomes related to charismatic leadership. IN: Canadian Journal of Administrative Sciences/Revue Canadienne des Sciences de l'Administration, 17 (2000), S. 361; Sturm, Mareen et al. (2011): Transformationale, transaktionale und passiv-vermeidende Führung. IN: Zeitschrift für Arbeits-und Organisationspsychologie A&O, 55 (2011), S. 90

[135] Vgl. Sturm et al. (2011): S. 90

[136] Vgl. Dumdum, Uldarico Rex; Lowe, Kevin B.; Avolio, Bruce J. (2013): A meta-analysis of transformational and transactional leadership correlates of effectiveness and satisfaction: An update and extension. https://www.emeraldinsight.com/doi/full/10.1108/S1479-357120130000005008, (20.12.2018)

[137] Vgl. Dumdum; Lowe; Avolio (2013): o.S.

[138] Vgl. ebd.

[139] Vgl. ebd.

[140] Vgl. Sturm et al. (2011): S. 89

Bedeutung der konzeptionellen Weiterentwicklung kann demnach als wesentlich eingeordnet werden.

3.4 Arbeitswelt 4.0: Herausforderungen der Führung und empirischer Überblick zu Führungsproblemen

Zu den zentralen Herausforderungen der Führung lassen sich besonders die Auswirkungen des demographischen Wandels zählen, der als Folge niedriger Geburtenraten und steigender Lebenserwartung zu einer Schrumpfung der Bevölkerung insgesamt und einem Ungleichgewicht der Altersverteilung in Deutschland geführt hat.[141]

Nach der Datenlage des Statistischen Bundesamts für 2017 wird deutlich, dass junge Personensegmente im erwerbsfähigen Alter deutlich gegenüber älteren Segmenten aus geburtenstarken Kohorten deutlich unterrepräsentiert sind:

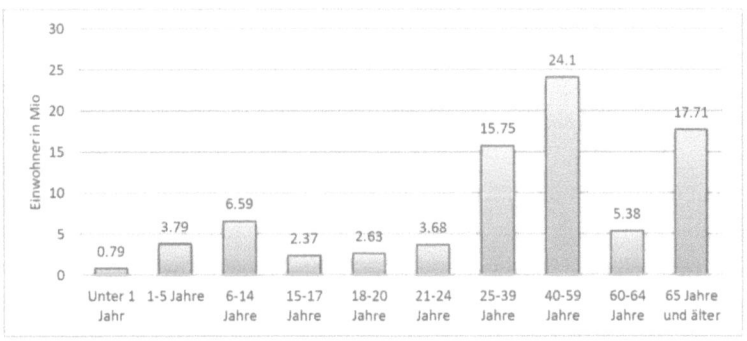

Abbildung 3: Bevölkerungsstruktur nach Altersgruppen in Deutschland 2017[142]

---

[141] Vgl. Brussig, Martin (2015): Demografischer Wandel, Alterung und Arbeitsmarkt in Deutschland, IN: KZfSS Kölner Zeitschrift für Soziologie und Sozialpsychologie. 67 (2015), S. 299 ff.
[142] Abbildung des Statistischen Bundesamts, 2018: o. S.

In Folge dieser Entwicklung, die durch den Faktor der Migration bislang nur begrenzt kompensiert wird[143], sind zwei zentrale Auswirkungen auf dem Arbeitsmarkt eingetreten[144]:

- das Erwerbspersonenpotenzial auf dem Personalmarkt ist quantitativ verknappt. Im Zuge der quantitativen Verknappung ist in zahlreichen Branchen auch eine qualitative Verknappung der Personalverfügbarkeit als sog. Fachkräftemangel eingetreten.
- verfügbare Personen im erwerbsfähigen Alter werden quantitativ durch ältere Personensegmente (sog. Babyboomer aus den Geburtsjahrgängen 1950–1965) dominiert.

Daraus lassen sich verschiedene Anforderungen an die Arbeitswelt ableiten:

- Personal und besonders qualifiziertes Personal ist schwerer zu beschaffen.[145] Nach den Daten der Bundesagentur für Arbeit gab es 2018 durchschnittlich 797.800 offene Stellen (Hochrechnung zum Jahresende), im Vergleich dazu waren im Jahr 2010 359.348 offene Stellen.[146] Unternehmen konkurrieren deswegen nicht nur zunehmend um Arbeitskräfte und sind dafür auf die Generierung einer attraktiven Arbeitergebermarke (Employer Branding) verwiesen[147], sondern unterliegen gestiegenen Anforderungen an die Bindung von Personal: Personalabwanderung stellt nicht ein extrem kostenintensives Phänomen dar, sondern begründet vor dem Hintergrund des Personalmarkts auch das Problem, dass Personal auch nur schwer ersetzt werden kann.[148] Für das Abwanderungsrisiko ist die Mitarbeiterzufriedenheit als Faktor der Mitarbeiterbindung eine zentrale

---

[143] Vgl. Kühn, Franka (2017): Die demografische Entwicklung in Deutschland. http://www.bpb.de/politik/innenpolitik/demografischer-wandel/196911/fertilitaetmortalitaet-migration (20.12.2018), o. S.

[144] Vgl. Kühn (2017): o.S.; Brussig (2015): S. 304 ff; Hirnschal, Ernst (2017): Unternehmenskultur in Zeiten von Arbeit 4.0 und demografischem Wandel. IN: Herget, Josef; Strobl, Herbert (Hrsg.): Unternehmenskultur in der Praxis. Grundlagen – Methoden – Best Practices, Wiesbaden, S. 77 f.; Krüger, Kathy (2018): Herausforderung Fachkräftemangel. Erfahrungen, Diagnosen und Vorschläge für die effektive Personalrekrutierung, Wiesbaden, S. 2; Kanning (2017): S. 7

[145] Vgl. Krüger (2018): S. 2

[146] Vgl. Bundesagentur für Arbeit (2018): S. 54

[147] Vgl. Kanning (2017): S. 3 f.

[148] Vgl. Kobi, Jean-Marcel (2012): Personalrisikomanagement, Strategien zur Steigerung des People Value, 3. Auflage, Wiesbaden, S. 74

Einflussvariable.[149] Exemplarisch wurde in der Metanalyse von Fried, Shirom, Gilboa und Cooper die direkte Korrelation zwischen Arbeitszufriedenheit und Abwanderungsabsicht mit r = -.52 verzeichnet.[150] Die Bedeutung der Variable Arbeitszufriedenheit wird fortfolgend noch vertieft. Anforderungen an die Führung lassen sich also dahingehend zusammenfassen, dass die Zufriedenheit der Mitarbeiter zugunsten ihrer Bindung an das Unternehmen und zugunsten eines erfolgreichen Employer Brandings als Einflussfaktor der personal Verfügbarkeit möglichst hoch ausfallen soll. Dabei ist zu beachten, dass Informationen über Arbeitgeber durch die Entwicklung von Social Media (insbesondere durch Arbeitgeberbewertungsportale) sehr transparent geworden sind, so dass unternehmensinterne Negativinformationen, die z. B. durch unzufriedene Mitarbeiter publiziert werden, auch für den externen Personalmarkt schnell und mit hoher Informationsreichweite publik werden können.[151] In Folge dieser Entwicklungen ist die Abgrenzung zwischen internem Personalmarkt (bereits vorhandene Mitarbeiter) und dem externen Personalmarkt für das Employer Branding nicht mehr zielführend, da informative Begrenzungen zunehmend weggefallen sind.[152]

- Unternehmen unterliegen einer Altersdiversität ihrer Mitarbeiter, bei denen jüngere Mitarbeiter eine Minderheit darstellen.[153] Führung unterliegt in diesem Kontext der Anforderung, die Bedürfnisse unterschiedlicher Altersgruppen zugunsten von Arbeitszufriedenheit und Mitarbeiterbindung zu berücksichtigen.[154] Neben unterschiedlichen generationalen Bedürfnissen sind für die Führungsanforderungen hier auch besonders

---

[149] Vgl. Kanning (2017): S. 192
[150] Vgl. Fried, Yitzhak et al. (2013): The mediating effects of job satisfaction and propensity to leave on role stress-job performance relationships: Combining meta-analysis and structural equation modeling. IN: From Stress to Wellbeing, 1 (2013), S. 316
[151] Vgl. Büttgen, Marion; Kissel, Patrick (2013): Der Einsatz von Social Media als Instrument des Employer Branding. IN: Stock-Homburg, Ruth (Hrsg.): Handbuch Strategisches Personalmanagement, 2. Auflage, Wiesbaden, S. 112
[152] Vgl. Büttgen; Kissel (2013): S. 112
[153] Vgl. Arenberg, Petra (2018): Age Diversity in Organisationen als Ressource zur erfolgreichen Adaption an den demografischen Wandel. IN: SRH Fernhochschule (Hrsg.): Demografischer Wandel, Aufbruch in eine altersgerechte Arbeitswelt, Wiesbaden, S. 2
[154] Vgl. Arenberg (2018): S. 2

Anforderungen eines alter(n)sgerechten Arbeitens zu berücksichtigen, die der Altersverteilung Rechnung tragen.[155]

- auch die Pluralisierung des Personals in Bezug auf aufgabenspezifisch relevante Merkmale (z. B. durch berufliche Differenzierung), ethnische Zugehörigkeit, Sprache, Einstellungen, Werte, sexuelle Orientierung und Geschlecht unter anderem begründet Anforderungen an das Diversity Management als Führungsaufgabe, um die unterschiedlichen Mitarbeiterbedürfnisse zu erfüllen.[156] Verschiedene Mitarbeitermerkmale sollen dabei als Faktoren von Wettbewerbsfähigkeit und Wertschöpfung erschlossen werden, Synergien aus der Heterogenität optimal genutzt und Problemen, die sich aus den Unterschieden ergeben können, erfolgreich begegnet werden.[157] In der Forschung zeigte es sich dabei für die Mitarbeiterbindung in Diversitätsteams als zentral, dass die Beziehungsqualität zwischen Führungskraft und Mitarbeitern im Optimum möglichst zu jedem Mitarbeiter positiv ausfallen soll und nicht nur selektiv (inklusives Teamklima).[158]

Im Kontext Arbeit 4.0 als Schlagwort der Veränderungen der Arbeitswelt kann auch der Digitalisierung eine hohe Bedeutung beigemessen werden.[159] Mit zunehmender Durchdringung der Arbeit durch die Digitalisierung werden nicht nur zunehmende Veränderungen der Wertschöpfung beobachtet und prognostiziert, sondern auch Differenzierungen und Neufassungen ganzer Tätigkeiten und Arbeitsmodelle.[160]

---

[155] Vgl. Ruthus, Julia (2014): Arbeitgeberattraktivität aus Sicht der Generation Y. Handlungsempfehlungen für das Human Resources Management, Wiesbaden, S. 5 ff.; Apt, Wenke, Bovenschulte, Marc (2018): Zukunft der Arbeit – Eine praxisnahe Betrachtung. IN: Wischmann, Steffen; Hartmann, Ernst Andreas (Hrsg.): Die Zukunft der Arbeit im demografischen Wandel, Wiesbaden, S. 163 ff.

[156] Vgl. Gutting, Doris (2015): Diversity Management als Führungsaufgabe. Potenziale multikultureller Kooperation erkennen und nutzen, Wiesbaden, S. 3 f.

[157] Vgl. Gutting (2015): S. 3 f.; Buengeler, Claudia; Homan, Astrid C. (2015): Diversity in Teams: Was macht diverse Teams erfolgreich?. IN: Genkova, Petia; Ringeisen, Tobias (Hrsg.): Handbuch Diversity Kompetenz: Perspektiven und Anwendungsfelder, Wiesbaden, S. 1

[158] Vgl. Buengeler; Homan (2015): S. 6; Nishii, Lisa H.; Mayer, David M. (2009): Do inclusive leaders help to reduce turnover in diverse groups? The moderating role of leader–member exchange in the diversity to turnover relationship. IN: Journal of Applied Psychology, 94 (2009), S. 1418 ff.

[159] Vgl. Ternès (2018): S. 3 ff.

[160] Vgl. ebd.

Angenommen wird auf breiter Ebene, dass es zu einem zunehmenden Auseinanderklaffen einfacher Tätigkeiten mit hohem Verdrängungspotenzial durch Technologien und stark wissensintensiven Tätigkeiten kommen dürfte.[161] So wird Digitalisierung insbesondere im industriellen Kontext bisweilen an Antwort auf die verknappten Personalmärkte des demografischen Wandels und altersgerechtes Arbeiten diskutiert - aber auch als Risiko zunehmender sozioökonomischer Ungleichheit und dafür verfügbare Kompensationsmöglichkeiten der gesellschaftlichen Verteilungsgerechtigkeit.[162]

Es kann unterstellt werden, dass die Gewinnung, Bindung und Personalentwicklung von Mitarbeitern mit hohem technischen Systemverständnis und diesbezüglichem Entwicklungspotenzial zunehmend zu den erfolgskritischen Wettbewerbsfaktoren zählen wird.[163] Die erwarteten Umbrüche werden im Kontext der Führung in der Literatur maßgeblich auf die erforderliche Flexibilität der Führungskräfte fokussiert, um einen erfolgreichen Umgang mit diesen Veränderungen zu finden.[164] Durch Komplexitätssteigerung der Digitalisierung wird es Führungskräften deutlich erschwert, das erforderliche Wissen für die Aufgabenbewältigung selbst zu besitzen, so dass Anleitung und Kontrolle der Mitarbeiter der Befähigung der Mitarbeiter zur selbständigen Bearbeitung weichen sollen.[165]

Mit Fokus auf das Führungsverhalten wird in der Literatur eine Abkehr von autoritären, starren Führungsstilen gefordert, um den Veränderungen Rechnung zu tragen und den Wettbewerbsfaktor Personal möglichst umfassend erschließen zu können.[166]

---

[161] Vgl. ebd.; Pfeiffer, Sabine (2017): The Vision of "Industrie 4.0" in the Making - a Case of Future Told, Tamed, and Traded, IN: NanoEthics, 11 (2017), S. 108

[162] Vgl. Pfeiffer (2017): S. 108; Guerreiro, Joao, Rebelo, Sergio, Teles, Pedro (2018): Should Robots be Taxed?. https://repositori.upf.edu/bitstream/handle/10230/34457/Ademu-WP-085- 2018%20Should%20robots%20be%20taxed.pdf?sequence=1&isAllowed=y (20.12.2018), S. 1 ff

[163] Vgl. Ternès (2018): S. 8 ff.

[164] Vgl. Frost, Martina et al. (2018): Führung und Organisation in der Arbeitswelt 4.0. IN: Cernavin, Oleg; Schröter, Welf; Stowasser, Sascha (Hrsg.): Prävention 4.0., Berlin et al., S. 163 ff.

[165] Vgl. Schwarzmüller, Tanja; Brosi, Prisca; Welpe, Isabell (2017): Führung 4.0 – Wie die Digitalisierung Führung verändert. IN: Hildebrandt, Alexandra; Landhäußer, Werner (Hrsg.): CSR und Digitalisierung, Der digitale Wandel als Chance und Herausforderung für Wirtschaft und Gesellschaft, Wiesbaden, S. 620

[166] Vgl. Schwarzmüller; Brosi; Welpe (2017): S. 620; Cernavin, Oleg et al. (2015): Digitalisierung der Arbeit und demografischer Wandel. IN: Jeschke, Sabina et al. (Hrsg.): Exploring Demographics, Wiesbaden, S. 71

Diesen Anforderungen gegenüber wird in der Literatur eine Vielzahl von Problemen im Feld der Führung deutlich, die nachfolgend aufgezeigt werden sollen. Um diese Problembereiche tiefergehend zu erläutern, soll zunächst ein kurzer Überblick über relevante Korrelate der Mitarbeiterzufriedenheit gewährt werden. Aufgrund des hohen Forschungsaufkommens in diesem Feld und der zahlreichen Verbindungen der untersuchten Variablen zueinander muss dabei eine Beschränkung auf zentrale Felder vorgenommen werden.

Wie bereits aufgezeigt korreliert die Mitarbeiterzufriedenheit auf dem empirischen Niveau von Metaanalysen mit der Mitarbeiterbindung bzw. negativ mit der Fluktuation: Chang, Rosen und Levy zeigen hier einen ähnlichen Korrelationswert ($r = -.58$, $p < .05$) auf, wie die Ergebnisse von Fried, Shirom, Gilboa und Cooper ($r = -.52$) erreichen.[167]

Ferner sind in der Forschung positive Zusammenhänge der Mitarbeiterzufriedenheit zu ökonomischen Outputvariablen auf metaanalytischem Niveau bekannt, so korreliert exemplarisch in der Metaanalyse von Harter, Schmidt und Hayes die Mitarbeiterzufriedenheit positiv mit dem Profit ($r = .09$) und der Produktivität ($r = .12$).[168] Analog dazu sind positive Zusammenhänge der Mitarbeiterzufriedenheit und der Mitarbeitermotivation aus Metaanalysen bekannt, exemplarisch konnten Judge, Thoresen, Bono und Patton einen Zusammenhang von ($r = .18$) aufzeigen.[169]

Zwischen Mitarbeiterzufriedenheit und Zufriedenheit der Mitarbeiter mit der Bezahlung konnte in der Metaanalyse von Judge, Piccolo, Podsakoff, Shaw und Rich eine positive Korrelation von ($r = .15$ in den USA) verzeichnet werden, wobei Unterschiede nach Ländern angenommen werden.[170] Eine Assoziation von Mitarbeiterzufriedenheit und Kundenzufriedenheit wurde ebenfalls auf der Ebene von Metaanalysen belegt, bei Brown und Lam betrug die Korrelation $r = .19$.[171]

---

[167] Vgl. Fried et al. (2013): S. 316; Chang, Chu-Hsiang; Rosen, Christopher C.; Levy, Paul E. (2009): The Relationship Between Perceptions of Organizational Politics and Employee Attitudes, Strain, and Behavior: A Meta-Analytic Examination, New York, S. 787

[168] Vgl. Harter, James K.; Schmidt, Frank L.; Hayes, Theordore. L. (2002): Business-unit-level relationship between employee satisfaction, employee engagement, and business outcomes: a meta-analysis. IN: Journal of applied Psychology, 87 (2002), S. 273

[169] Vgl. Judge, Timothy A. et al. (2001): The job satisfaction-job performance relationship: A qualitative and quantitative review. IN: Psychological Bulletin, 127 (2001), S. 385

[170] Vgl. Judge, Timothy A. et al. (2010): The relationship between pay and job satisfaction: A meta-analysis of the literature. IN: Journal of Vocational Behavior, 77 (2010), S. 160

[171] Vgl. Brown, Steven P.; Lam, Son K. (2008): A meta-analysis of relationships linking employee satisfaction to customer responses. IN: Journal of Retailing, 84 (2008), S. 249

Auch lassen sich Forschungsergebnisse verzeichnen, die auf einen Zusammenhang der Zufriedenheit und organisationalem Commitment (operationalisiert als Mitarbeiterakzeptanz von Zielen des Unternehmens, Einsatzbereitschaft und Wunsch das Arbeitsverhältnis fortzusetzen), Johnston, Parasuraman, Futrell und Black konnten dafür in einer Langzeitstudie einen direkten Zusammenhang von r = .583 ermitteln.[172] Ferner sind Forschungsergebnisse bekannt, die der Zufriedenheit einen Zusammenhang zum Involvement (Mitarbeiterinteresse am Unternehmen und Begeisterung dafür) zuweisen, Wegge konnten dabei exemplarisch einen Zusammenhang von r = .39 (p <.01) verzeichnen.[173]

Auch zeigten sich in der Erhebung die Zufriedenheit und das Involvement beide als Vorhersagevariablen von Fehltagen und unspezifischen Frequenzen der Arbeitsabwesenheit.[174] Analog dazu weist die Forschung der Mitarbeiterzufriedenheit auf metanalytischem Niveau einen Zusammenhang zu Variablen der Mitarbeitergesundheit (z. B. Wohlbefinden, Abwesenheit von Krankheit und negativem Stress) zu.[175] Zusammenfassend lässt sich die Mitarbeiterzufriedenheit aufgrund ihrer umfangreichen Bezüge somit für Unternehmen zu den stark relevanten Variablen zählen, die sich in den Unternehmenszielen wiederspiegeln sollte.

Der Führung können in diesem Kontext zahlreiche Problembereiche anhand verschiedener Studien zugeordnet werden. Die Studie Führungskultur im Wandel wurde an 400 Führungskräften in Deutschland als qualitative Erhebung durchgeführt.[176] Über drei Viertel der Teilnehmer beschreiben eine starke Diskrepanz zwischen Führungspraxis und den bestehenden Anforderungen an die Führung und vermuten ein ähnlich hohes Kritikpotenzial auch bei den Mitarbeitern.[177] Dem

---

[172] Vgl. Johnston, Marc W. et al. (1990): A longitudinal assessment of the impact of selected organizational influences on salespeople's organizational commitment during early employment. IN: Journal of Marketing Research, 27 (1990), S. 340

[173] Vgl. Wegge, Jürgen et al. (2007): Taking a sickie: Job satisfaction and job involvement as interactive predictors of absenteeism in a public organization. IN: Journal of occupational and organizational psychology, 80 (2007), S. 83

[174] Vgl. Wegge et al. (2007): S. 83

[175] Vgl. Faragher, Brian E.; Cass, Monica; Cooper, Cary L. (2005): The relationship between job satisfaction and health: a meta-analysis. IN: Occupational and Environmental Medicine, 62 (2005), S. 105 ff.

[176] Vgl. Kruse, Peter; Greve, Andreas (2016): Monitor Führungskultur im Wandel. Kulturstudie mit 400 Tiefeninterviews. https://www.inqa.de/SharedDocs/PDFs/DE/Publikationen/fuehrungskultur-imwandel-monitor.pdf?_blob=publicationFile (20.12.2018), S. 4

[177] Vgl. Kruse; Greve (2016): S. 10

nicht näher konkretisierten„ typisch deutschen Führungsstil"[178] wird von Seiten der befragten ein erheblicher Nachteil für die Personalgewinnung und Bindung zugeordnet.[179] Das in dieser Studie gezeigte Problembewusstsein der Führungskräfte spiegelt sich jedoch nicht in den nachfolgenden aufgezeigten Daten von Gallup, was für einen Stichprobeneffekt sprechen könnte.

Der Gallup Engagement Index wird seit 2001 in Deutschland durchgeführt, dafür werden jährlich mind. 1000 Angestellte per Zufallsprinzip ausgewählt.[180] Die Ergebnisse aus 2018 zeigen auf, dass nur 15% der Teilnehmer eine hohe emotionale Bindung an ihr Unternehmen aufweisen, 71% erreichen nur eine geringe Bindung, während 14% gar keine Bindung an ihr Unternehmen zeigen.[181]

Insbesondere die gering gebundene Gruppe wächst seit 2012 (61%) deutlich.[182] Eine hohe emotionale Bindung wird auf die Erfüllung der meisten emotionalen Mitarbeiterbedürfnisse zurückgeführt.[183] Der Führungskraft wird dabei eine erhebliche Bedeutung zugordnet: 75% der Fluktuation werden auf Faktoren zurückgeführt, die von der Führungskraft beeinflusst werden.[184] 71% der Beschäftigten leisteten lediglich Dienst nach Plan, nur 15% waren engagiert und motiviert.[185] Im Leistungsvergleich wurden anhand der Daten aus 2016 25% der Hochgebundenen und 25% der Niedriggebundenen in Bezug auf verschiedene Outputvariablen gegenübergestellt, die Ergebnisse weisen nicht nur auf einen erheblichen Einfluss auf Abwanderung, Abwesenheit und Schwund von Sachmitteln durch niedrige Bindung (z. B. Diebstahl), sondern auch auf Arbeitsunfälle und qualitative Mängel.[186]

---

[178] Vgl. ebd.
[179] Vgl. ebd.
[180] Vgl. Nink, Marco (2018): Engagement Index: Die neuesten Daten und Erkenntnisse der Gallup-Studie, München, S. 10
[181] Vgl. Nink (2018): S. 14
[182] Vgl. ebd.
[183] Vgl. ebd.
[184] Vgl. ebd.: S. 14 f.
[185] Vgl. ebd.: S. 31
[186] Vgl. ebd.: S. 29

Auch zeigen die Daten die Bedeutung einer hohen emotionalen Bindung in Bezug auf Kundenkennzahlen, Produktivität und Rentabilität.[187]

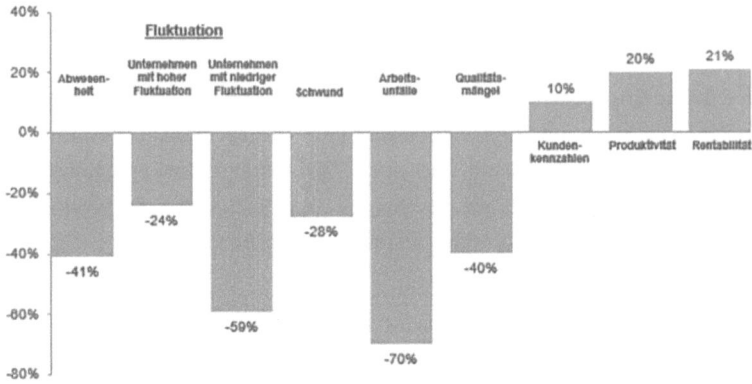

Abbildung 4: Ökonomische Outputunterschiede zwischen 25%-Gruppen mit hoher und niedriger Bindung nach Gallup[188]

Von den Mitarbeitern mit niedriger emotionaler Bindung würden im Jahr 2018 45% ihre Führungskraft entlassen, wenn sie könnten, bei den hochgebundenen waren dies lediglich 3%.[189] Insgesamt waren 2018 nur 25% mit ihrer Führungskraft sehr zufrieden, bei den gering gebundenen Mitarbeitern erreichten nur 6% diese Zufriedenheit.[190] Nur 22% fühlten sich von Ihrer Führungskraft zu guter Arbeit motiviert (2016: 21%).[191]

Aus Befragungsdaten aus 2016, die Führungskräfte eigenständig erheben, konnte ermittelt werden, dass sich aber 97% der befragten Führungskräfte selbst als gute Führungskraft einstufen.[192] Ein Veränderungsbedarf wurde von Seiten der Führungskräfte nicht erkannt, nur 40% der Führungskräfte gaben an, dass sie in den letzten 12 Monaten eine Fortbildung im Bereich der Führung besucht haben.[193]

---

[187] Vgl. ebd.
[188] Abb.: ebd.: S. 29
[189] Vgl. ebd.: S. 129
[190] Vgl. ebd.: S. 120 f.
[191] Vgl. ebd.: S. 120
[192] Vgl. ebd.
[193] Vgl. ebd.: S. 114

Die Erhebung „Die Zeit ist reif. Glücklich arbeiten" des Personaldienstleisters Robert Half aus dem Jahr 2016 wurde weltweit an 23.000 Teilnehmern und an 2.167 Mitarbeitern in Deutschland durchgeführt.[194] Als wichtigste Faktoren glücklicher Arbeit agierten bei den Teilnehmern aus Deutschland Fairness, Respekt, Stolz und Freiheiten.[195] Die Studie weist auf erhebliche Defizite der Führung hin, lediglich 45% der Teilnehmer hatten anhand ihrer Arbeitsvorgaben durch die Führung und deren Kontrolle das Gefühl, dass sie relevante Entscheidungen überhaupt beeinflussen könnten.[196]

Die Möglichkeit eigene Ideen einzubringen variierte stark nach Branche.[197] In der Kreativ- und Marketingbranche lag der Anteil bei 77%, was branchenspezifisches als Ausnahmephänomen aufgezeigt wurde. So lag der Anteil bei juristischen Fachkräften bspw. nur bei 39%, kaufmännische Angestellte erreichten nur 37%.[198] Deutlich wird hier insgesamt ein hohes Risiko eines geringen Handlungsrahmens der Mitarbeiter als psychosozialer Belastungsfaktor.[199] Auch die Wertschätzung der Mitarbeiter durch die Führung erreichte in der Studie geringe Frequenzen mit ausgeprägter Branchenheterogenität, durchschnittlich fühlten sich nur 53% der Teilnehmer wertgeschätzt, so dass bei 47% ein psychologisches Grundbedürfnis nicht berücksichtigt wird, was ein hohes Risikopotenzial für die psychische und physische Gesundheit[200] begründet.[201]

Die Deutsche Gesetzliche Unfallversicherung verweist anhand des Forschungsstands zum Einfluss von Führung auf die psychische Gesundheit von Mitarbeitern auf einen erheblichen Einfluss und schätzt den Einfluss der Führung auf die

---

[194] Vgl. Fiedler, Marina et al. (2016): Die Zeit ist reif. Glücklich arbeiten, Studie über die Geheimnisse der glücklichsten Unternehmen und Mitarbeiter. https://www.roberthalf.de/sites/roberthalf.de/files/pdf/noindex/robert-halfdeutschland-gluecklich-arbeiten.pdf (20.12.2018), S. 34
[195] Vgl. ebd.: S. 6
[196] Vgl. ebd.: S. 19
[197] Vgl. ebd.: S. 20
[198] Vgl. ebd.
[199] Vgl. Metz; Rothe (2017): S. 17
[200] Vgl. ebd.: S. 18; Rösler, Ulrike et al. (2008): Psychosoziale Merkmale der Arbeit, Überforderungserleben und Depressivität. IN: Zeitschrift für Arbeits-und Organisationspsychologie, 52 (2008), S. 199 ff.
[201] Vgl. Fiedler et al. (2016): S. 34

Mitarbeiterzufriedenheit auf 50% und den auf die emotionale Erschöpfung der Mitarbeiter auf 8-30%.[202]

Zusammenfassend lassen sich also gravierende Problemfelder verzeichnen, deren Bewältigungspotenziale im nachfolgenden Kapitel analysiert werden sollen.

---

[202] Vgl. Gerardi, Claudia et al. (2014): Fachkonzept, Führung und psychische Gesundheit. https://www.dguv.de/medien/inhalt/praevention/fachbereiche_dguv/fbgib/psyche/broschuere_fuehrung.pdf (20.12.2018), S. 15

4 Analyse von Lösungspotenzialen

Die Analyse von Lösungspotenzialen soll in den anschließenden Unterkapiteln auf die Kernfelder Führungskräfteentwicklung, Führungskräfteselektion und organisatorischen Bewältigungsmöglichkeiten ausgerichtet werden, bevor der Controllingbedarf aufgezeigt wird.

4.1 Analyse von Lösungspotenzialen der Führungskräfteentwicklung

Für die nachfolgend aufgezeigten Lösungspotenziale der Führungskräfteentwicklung soll zunächst kurz erörtert werden, welches Verständnis der Führungskräfteentwicklung zugrunde liegt. Führungskräfteentwicklung beschreibt die Initiierung von Lernprozessen der Führungskräfte zur Herausbildung von Kenntnissen, Fähigkeiten und Grundhaltungen und zugunsten der Bewältigung von aktuellen und zukünftigen Führungsanforderungen. [203]

Die in Kapitel 2.4 aufgezeigten Studien verweisen auf ein heterogenes Problembewusstsein von Führungskräften, das in den Daten der Studie Führungskultur im Wandel[204] weitreichend gegeben und in den Daten von Gallup[205] stark defizitär aufgezeigt werden konnte. Für diese Unterschiede könnten z. B. Stichprobeneffekte gesorgt haben, indem z. B. Führungskräftesamples mit heterogenen Qualifikations- bzw. Bildungsgrad einbezogen wurden.

Ein Bedarf an Maßnahmen der Führungskräfteentwicklung lässt sich jedoch anhand beider Ergebnisse zugrunde legen, da die Befragten der der Studie Führungskultur im Wandel die Anforderungen trotz Problembewusstsein nicht umsetzen kann, während die Gallup Daten davon zeugen, dass die Führungskräfte sich des Problems nicht einmal bewusst sind. Auch zeugt der in Kapitel 2.4 aufgezeigte Stand der Mitarbeiter durchweg von einer geringen Berücksichtigung der Führungsanforderungen.[206]

---

[203] Vgl. Leidenfrost, Jana; Küttner, Andrea (2014): Führungskräfteentwicklung. Angewandte Psychologie für Managemententwicklung und Performance-Management. IN: Eck, Claus D. et al. (Hrsg.): Führungskräfteentwicklung. Angewandte Psychologie für Managemententwicklung und Performance-Management, Berlin et al., S. 38
[204] Vgl. Kruse; Greve (2016): S. 10
[205] Vgl. Nink (2018): S. 120 f.
[206] Vgl. Kapitel 2.4

Es lassen sich im vorliegenden Anwendungsfall folgende wesentliche Handlungsfelder identifizieren:

- informative Personalentwicklungsmaßnahmen, die über die ökonomischen psychologischen und gesundheitlichen Zusammenhänge von Mitarbeiterzufriedenheit und Mitarbeiterbindung im Kontext der Führung aufklären und somit aufzeigen, dass diese Felder einen direkten Einfluss auf die Unternehmensleistung und die Wettbewerbsposition des Unternehmens nehmen. Hier ist zu berücksichtigen, dass Führungspositionen in der ökonomischen Praxis oft auf Basis einer fachlichen Laufbahn erreicht wurden, die selbst keinen Einblick in die Zusammenhänge begründen muss.[207] An dieser Stelle ist auch auf die deutsche Unternehmenslandschaft zu verweisen, die nach den Daten des Statistischen Bundesamts aus 2016 zu 99,3% aus kleinen und mittelständigen Unternehmen besteht, die die Beschäftigtengrenze von 249 Mitarbeitern unterschreiten, davon sind 80,4% Kleinstunternehmen mit unter 9 Beschäftigten.[208] Entsprechend lässt sich bei weiten Teilen der deutschen Unternehmenslandschaft kein adäquater wissenschaftlicher Informationsstand über die ökonomischen, psychologischen und gesundheitlichen Folgen problematischer Führungspraktiken unterstellen, so dass für informative Maßnahmen ein dringender Handlungsbedarf der Führungskräfteentwicklung aufgezeigt werden kann. Im informativen Bereich der Führungskräfteentwicklung lassen sich besonders Maßnahmen der Wissensdiffusion über die Führung und deren Folgewirkung anführen sowie Maßnahmen, die auf die Bewusstseinsgenerierung für Führungsprobleme und deren strategische Auswirkungen setzen.

- einen weiteren relevanten Handlungsbedarf begründen praxisorientierte Maßnahmen zum Führungsverhalten, da aus Wissen über Relevanz und Auswirkungen und Kenntnissen über vorhandene Probleme allein noch keine praktischen Führungskompetenzen hervorgehen, wie insbesondere die Ergebnisse der Studie Führungskultur im Wandel[209] verdeutlichen. Besonders Führungskräftecoachings, die auf eine Reflexion von Selbst- und

---

[207] Vgl. Franz, Christine (2011): Bildungsprofile von Führungskräften – Vielfalt statt Verdrängung. IN: Voss-Dahm, Dorothea et al. (Hrsg.): Qualifizierte Facharbeit im Spannungsfeld von Flexibilität und Stabilität, Wiesbaden, S. 195
[208] Vgl. Statistisches Bundesamt (2017): o. S.
[209] Vgl. Kruse; Greve (2016): S. 10

Fremdwahrnehmung von Führungsverhalten, die Analyse und Modifikation von Verhalten und Führungsstil sowie die Bewältigung von Herausforderungen und Konflikten rekurrieren, lassen hier Potenzial unterstellen.[210] Auch Fallsupervisionen, die als Beratungsformat für spezifische Fälle, Implikationen für diese und weitere Herausforderungen ableitbar machen, können hier einen Beitrag leisten.[211] Gruppenmaßnahmen können besonders durch den Erfahrungsaustausch in der Gruppe einen Beitrag zu Analyse und Bewältigung von Führungsproblemen begründen.[212] Hier ist jedoch besonders bei Maßnahmen, die die Mitarbeiter einbinden, zu beachten, dass oft Hemmnisse einer offenen Gesprächskultur bestehen können, die auch Führungskräftefeedbacks auf eine kritische Ebene abstellen. Exemplarisch verweist Klaußner auf niedrige Ausprägungen einer offenen Gesprächsführung und einen geringen Nutzen aus der Perspektive der Mitarbeiter.[213] Oft erfolgt eine Fortsetzung des bisherigen Interaktionsverhaltens zwischen Führungskraft und Mitarbeitern auch in Kontexten, die als offene Feedbacks deklariert wurden, so dass sowohl bestehendes Vertrauen, als auch bestehendes Misstrauen in diesen Gesprächen zementiert werden können.[214] Persönliche Gespräche zwischen Mitarbeitern und Führungskräften, wie sie in zahlreichen Unternehmen eingerichtet wurden[215], lassen sich entsprechend nicht als Ersatz für ein umfassendes Controlling von Führungsqualität, Mitarbeiterzufriedenheit und bestehenden Problemfeldern einstufen.[216]

Es verbleibt für den ausgezeigten Bedarf aber anzumerken, dass die Potenziale der Führungskräfteentwicklung in der Literatur oft unter denen der Führungskräfteselektion eingeordnet werden[217], da eine Vielzahl von Problemen auf Faktoren

---

[210] Vgl. Stadlober, Sabine (2017): Reflexions- und Transfermaßnahmen in der Führungskräfteentwicklung. Konzeption, Durchführung, Prozessbegleitung und Evaluation, Berlin et al., S. 14
[211] Vgl. Stadlober (2017): S. 15
[212] Vgl. ebd.: S. 15 f.
[213] Vgl. Klaußner, Stefan (2013): Führung und Feedback: zwischen Reflexion und Retention. Überlegungen zur Konzeption von Führungsgesprächen. IN: Schmalenbachs Zeitschrift für betriebswirtschaftliche Forschung, 66 (2013), S. 193
[214] Vgl. Klaußner (2013): S. 201 ff.
[215] Vgl. Werther (2015): S. 1 f.
[216] Vgl. Klaußner (2013): S. 205 ff.
[217] Vgl. Kobi (2012): S. 49

zurückgeführt wird, die sich dem Einfluss der Personalentwicklung entziehen (z. B. Persönlichkeitsfaktoren der Führungskraft). Mit der Führungskräfteselektion befasst sich das anschließende Unterkapitel. Obwohl in der Literatur davon ausgegangen wird, dass der überwiegende Budgetanteil für Personalentwicklungsmaßnahmen für die Entwicklung von Führungskräften Einsatz findet, wird der Nutzen von Unternehmen bisweilen kritisch reflektiert.[218] Diese Ausgangslage wurde in der Metaanalyse von Lacerenza, Reyes, Marlow, Joseph und Salas berücksichtigt, die 335 Studien zur Wirksamkeit von Führungskräfteentwicklungsmaßnahmen ausgewertet hat.[219] Es konnten folgende durchschnittliche Effektstärken (Cohens *d*) der Maßnahmen insgesamt verzeichnet werden:

- als Reaktion wurde die kognitive Wirksamkeit aus der Sicht der Führungsperson erfasst, hier wurde eine Effektstärke von .63 ermittelt.[220]
- für die Variable Lernen wurden kognitive, affektive und kompetenzbasierte Lernergebnisse der Führungskraft konstruktvalidiert, im Ergebnis betrug die Effektstärke .73.
- als Transfer wurde das Ausmaß erhoben, in dem die Führungskräfte von ihren in der Entwicklungsmaßnahme erworbenen Fähigkeiten in der Führungspraxis Gebrauch machen konnten, das Ergebnis erreichte eine Effektstärke von .82.

Entsprechend der erreichten Effektstärken, die ab einem Wert von .5 gemäß der Cohens *d* Klassifikation als hoch einzustufen sind, lassen sich die Maßnahmen der Führungskräfteentwicklung also entgegen der Perspektive einiger Unternehmen auf metaanalytischem Niveau als hoch wirksam einstufen.[221] Auch konnte die Studie aufzeigen, dass Programme mit mehreren Sitzungen in zeitlichen Abständen in Bezug auf den Transfer überlegen sind.[222] Investitionen in die Entwicklung von Führungskräften können also nicht nur als erforderlich, sondern auch als zentraler Baustein für eine anforderungsgerechte Führung betrachtet werden.

---

[218] Vgl. Lacerenza, Christina et al. (2017): Leadership training design, delivery, and implementation: A meta-analysis. IN: Journal of Applied Psychology, 102 (2017), S. 1686
[219] Vgl. Lacerenza (2017): S. 1686
[220] Vgl. ebd.: S. 1688; 1695
[221] Vgl. ebd.: S. 1686
[222] Vgl. ebd.: S. 1701

4.2 Analyse von Lösungspotenzialen der Führungskräfteselektion

Ungeachtet der auf metaanalytischen Niveau belegten Wirksamkeit von Maßnahmen der Führungskräfteentwicklung, sind in der Forschung verschiedene Faktoren bekannt, die einer anforderungsadäquaten Führung weitreichend entgegenstehen und sich mittels Personalentwicklungsmaßnahmen kaum bewältigen lassen.

Diese sollen nachfolgend aufgezeigt werden, um das Potenzial zu analysieren, sie im Rahmen der Führungskräfteauswahl zugunsten des Personalrisikomanagements erkennen zu können. Die in Kapitel 2.4 aufgezeigten Defizite der Führung verweisen darauf, dass mögliche Erfassungspotenziale bislang unzureichende Nutzung unterstellen lassen.[223]

Besonders umfangreich entfällt in diesem Kontext die Forschung zu Persönlichkeitsfaktoren, die als zeitlich relativ stabil gelten und sich damit der Personalentwicklung weitreichend entziehen zu vermögen.[224] Jedoch kann auch der Führungsmotivation sowie der sog. dunklen Seite der Führung eine besondere Bedeutung in diesem Kontext zugestanden werden.

Als Führungsmotivation wird die Präferenz eines Individuums erfasst, Führungsverantwortung überhaupt übernehmen zu wollen bzw. eine Führungstätigkeit anzustreben.[225] Dafür ist anzumerken, dass Führungspositionen bisweilen aufgrund fehlender anderer Laufbahnentwicklungsmöglichkeiten angenommen werden, keine konkreten Vorstellungen der Kandidaten über ihre zukünftigen Aufgaben bestehen oder nicht tätigkeitsspezifische Anreize dabei eine Bedeutung annehmen.[226]

Chan und Drasgow modellierten anhand einer Regressionsanalyse verschiedene Motivationstypen zur der Führung heraus, auf die sich später auch verschiedene Messinstrumente stützten:[227]

---

[223] Vgl. Kapitel 2.4
[224] Vgl. Cobb-Clark, Deborah A.; Schurer, Stephanie (2012): The stability of big-five personality traits. IN: Economics Letters, 115 (2012), S. 15
[225] Vgl. Elprana, Gwen; Felfe, Jörg (2018): Die Rolle der Führungsmotivation für erfolgreiche Führungskarrieren. In: Kauffeld, Simone; Spurk, Daniel (Hrsg.): Handbuch Karriere und Laufbahnmanagement, Berlin et al., S. 407
[226] Vgl. Elprana; Felfe (2018): S. 408 f.
[227] Vgl. ebd.: S. 413; Chan, Kim Yin; Drasgow, Fritz (2001): Toward a theory of individual differences and leadership: understanding the motivation to lead. IN: Journal of Applied Psychology, 86 (2001), S. 492

- affektive, identifikatorische Motivation beschreibt eine intrinsische Motivation aufgrund einer individuell positiven emotionalen Bewertung der Führungsaufgaben.
- non-kalkulative Motivation wird dort zugeordnet, wenn Kandidaten die Vorteile und Nachteile dieser Tätigkeit nicht abgewogen haben.
- sozialnormative Motivation wird durch ein Gefühl der sozialnormativen Verpflichtung zur Annahme der Position geprägt, die aus dem sozialen Umfeld der Person stammen.[228]

Im Regressionsmodell konnte aufgezeigt werden, dass die affektive, identifikatorische Motivation deutlich stärker mit der Selbstwirksamkeit der Führungskraft (.52) korreliert, d.h. ihren Vertrauen in die eigenen Fähigkeiten (sozialnormative Motivation .17; non-kalkulative Motivation ohne sign. Korrelation).[229]

In der Studie erwies sich die die affektive, identifikatorische Motivation auch als Vorhersagevariable für das Führungskräftepotenzial (erfasst durch externe Bewertungen).[230] Es verbleibt aber kritisch anzumerken, dass die Stichproben der Erhebung nicht in Unternehmen gewonnen wurden, sondern Militärangehörige und Studenten in Singapur rekrutiert wurden.[231]

Neben weiteren Studien, die die Bedeutung der affektiven, identifikatorische Motivation für die Führung anhand militärischer Stichproben stützen[232], ließ sich die Bedeutung auch anhand der Ergebnisse einer Studie an deutschen Angestellten (n= 380) bestätigen, in der die affektive, identifikatorische Motivation die Durchsetzungsfähigkeit von Führungskräften und die Absicht zur Annahme einer Führungsposition vermittelt.[233]

In Anbetracht dieser Ergebnisse und den möglichen Auswirkungen unkalkulierter oder lediglich extern motivierter Führung auf das risikosensitive Personal lässt sich hier die Forderung ableiten, die Führungsmotivation vor der Führungskräfteselektion zu erheben. Dafür stehen verschiedene Messinstrumente, wie das

---

[228] Vgl. Chan; Drasgow (2001): S. 492
[229] Vgl. ebd.
[230] Vgl. ebd.: S. 494 f.
[231] Vgl. ebd.: S. 491
[232] Vgl. Elprana, Felfe (2018): S. 413 ff.
[233] Vgl. Stiehl, Sybille et al. (2015): Personality and Leadership Intention. IN: Zeitschrift für Arbeits-und Organisationspsychologie, 59 (2015), S. 195

Hamburger Führungsmotivationsinventar mit einem zeitlichen Erhebungsaufwand von ca. 20 min zur Verfügung.[234]

Die Persönlichkeitsfaktoren der Big Five, welche zugleich auch empirisch als Einflussfaktoren der Führungsmotivation identifiziert werden konnten[235], weisen ein umfangreiches Forschungsaufkommen auf und bergen zugleich durch die nachfolgend aufgezeigten Kurzmessinstrumente umfangreiches Potenzial, um Führungskräfte mit Problempotenzial aus der Führungskräfteselektion auszugrenzen und Personen mit hohem Eignungspotenzial einzubeziehen.

Für das Verständnis der dem zugrunde liegenden Persönlichkeitsfaktoren ist zunächst ein kurzer tabellarischer Überblick über die Persönlichkeitsfaktoren und deren Ausprägungen vorweg zu nehmen:

Faktor	Merkmale einer hohen Ausprägung
Extraversion	Aktivität, Geselligkeit, Abenteuerlust, Durchsetzungsfähigkeit, Herzlichkeit, Glückserleben
Neurotizismus	Impulsivität, Reizbarkeit, Pessimismus, Ängstlichkeit, Verletzlichkeit, Befangenheit
Verträglichkeit	Altruismus, Gutherzigkeit, Vertrauen, Entgegenkommen, Freimütigkeit, Bescheidenheit
Gewissenhaftigkeit	Leistungsstreben, Pflichtbewusstsein, Selbstdisziplin, Kompetenz, Umsicht, Ordnungsliebe
Offenheit (für Erfahrungen)	Fantasie, Emotionalität, Liberalismus, Intellektualismus, Unternehmungslust, Ästhetik

Tabelle 1: Übersicht der Big Five Faktoren und Merkmale einer hohen Ausprä-gung[236]

Wie bereits in Kapitel 2.3 aufgezeigt wurde, erklären Persönlichkeitsfaktoren auf metaanalytischem Niveau weitreichend das, was emotionale Intelligenz von Führungspersonen konzeptualisiert wurde bzw. deren positive Effekte.[237] Die engen Verbindungen lassen entsprechend nicht unterstellen, dass die Grundlagen der emotionalen Führung weitreichend erwerbbar sind, sondern vom

---

[234] Vgl. Elprana; Felfe (2018): S. 413
[235] Vgl. Chan; Drasgow (2001): S. 492
[236] Vgl. Paetz, Friederike (2016): Persönlichkeitsmerkmale als Segmentierungsvariablen: Eine empirische Studie. IN: Schmalenbachs Zeitschrift für betriebswirtschaftliche Forschung, 68 (2016), S. 287; McCrae, Robert R.; John, Oliver P. (1992): An introduction to the five-factor model and its applications. IN: Journal of Personality, 60 (1992), S. 178
[237] Vgl. Andrei et al. (2016): S. 261

Führungskandidaten in Form seiner Persönlichkeit mitgebracht werden sollten, um dem Fürhungskonzept entsprechen zu können.

Auch für die transaktionale Führung und für die auf metaanalytischem Niveau für den Führungserfolg überlegene transformationale Führung[238] sind enge Bezüge zu den Persönlichkeitsfaktoren von Führungspersonen bekannt, was die Bedeutung der Erfassung bei der Personalselektion ebenfalls betont.

Bono und Judge werteten in ihrer Metaanalyse von 23 Studien auf Zusammenhänge der transaktionalen und transformationalen Führung zu Persönlichkeitsfaktoren nach dem Big Five Modell aus.[239] Charisma als Merkmal der transformationalen Führung korreliert demnach negativ mit dem Neurotizismus (-.17), positiv mit der Extraversion (.22), der Offenheit (.22), der Verträglichkeit (.21) und in geringem Maß mit der Gewissenhaftigkeit (.05).[240] Auch bei der intellektuellen Stimulation als Merkmal der transformationalen Führung verhält sich der Zusammenhang zum Neurotizismus negativ (-.12) und positiv zur Extraversion (.18), zur Verträglichkeit (.14), Offenheit (.11), Gewissenhaftigkeit ist nur in geringem Ausmaß assoziiert (.03).[241] Für die inspirierende Motivation als transformationales Führungsmerkmal zeigt sich ebenfalls ein negativer Zusammenhang zum Neurotizismus (-.10), während Extraversion (.18), Offenheit (.11), Verträglichkeit (.17) und Gewissenhaftigkeit (.14) positiv verbunden sind.[242] Anhand der Zusammenhangsmaße zeigt sich, dass Persönlichkeitsfaktoren transformationale Führung nicht voll erklären, sich die Persönlichkeitsfaktoren aber als leicht zu erfassende Eignungshinweise erfassen lassen. Analog dazu zeigt die Metanalyse auch Zusammenhänge der Big Five zum - in Bezug auf den Führungserfolg unterlegenen[243] - transaktionalen Stil auf.[244]

Besondere Bedeutung kann der Erfassung der Big Five im Rahmen der Personalselektion aber auch in Bezug auf die Erfassung von Risikopotenzial eines Kandidaten bzw. dessen Eignung unterstellt werden, wenn die Auswirkungen der Big Five betrachtet werden. So korreliert Neurotizismus auf metaanalytischem Niveau auch

---

[238] Vgl. Sturm et al. (2011): S. 89
[239] Vgl. Bono, Joyce E.; Judge, Timothy A. (2004): Personality and transformational and transactional leadership: a meta-analysis. IN: Journal of applied psychology, 89 (2004), S. 901
[240] Vgl. Bono; Judge (2004): S. 904
[241] Vgl. ebd.
[242] Vgl. ebd.: S. 904 f.
[243] Vgl. Sturm et al. (2011): S. 89
[244] Vgl. Bono; Judge (2004): S. 906

deutlich negativ mit der Führungseffektivität (gemessen an als Fähigkeit der Mitarbeiterbeeinflussung)[245] (-.22) und dem Erreichen einer Führungsposition (-.24).[246] Auch sind metaanalytische Zusammenhänge zwischen Neurotizismus und kontraproduktivem Verhalten am Arbeitsplatz bekannt, worunter freiwillige Verhaltensweisen, die gegen wesentliche Organisationsnormen verstoßen und das Wohlergehen der Organisation oder ihrer Mitglieder gefährden (z. B. Diebstahl, mangelnde Anwesenheit, Weitergabe vertraulicher Informationen einer Organisation oder Zurückhaltung) operationalisiert wurden.[247] Der gemessene Zusammenhang beträgt in der Metaanalyse von Grijalva und Newman .26.[248]

Auch konnte in der Forschung eine Assoziation zwischen Neurotizismus und aktivem Mobbing aufgezeigt werden (.27 in der Studie von Wilson und Nagy).[249] Es lässt sich also fundiert begründen, Kandidaten mit hohen Ausprägungswerten des Neurotizismus in der Führungskräfteselektion auszugrenzen, um negative Auswirkungen auf das Personal und das Unternehmen zu vermeiden.

Nach der Metaanalyse von Judge, Bono, Ilies und Gerhardt weist der Persönlichkeitsfaktor Extraversion die höchste Bedeutung für die Entstehung von Führung (Leader Emergence) (.30) auf.[250] Für die Führungseffektivität zeigten sich besonders Extraversion (.18) und Offenheit (.19) als relevante Einflussfaktoren.[251] Auch hier kann also abgeleitet werden, dass Unternehmen bei der Führungskräfteselektion auf eine Eignung anhand der Faktoren achten sollten. Dafür stehen zahlreiche Messinstrumente mit geeigneter methodischer Güte zur Verfügung, insbesondere die Kurzskalen, wie das deutschsprachige BFI-S von Gerlitz und Schupp (15 Items), begründen eine zeiteffiziente Erhebung bei teilweise kostenloser Beziehbarkeit.[252]

---

[245] Vgl. Judge et al. (2002): S. 767
[246] Vgl. ebd.: S. 773
[247] Vgl. Grijalva, Emily; Newman, Daniel A. (2015): Narcissism and counterproductive work behavior (CWB): Meta-analysis and consideration of collectivist culture, Big Five personality and narcissism's facet structure. IN: Applied Psychology, 64 (2015), S. 94 f.
[248] Vgl. Grijalva; Newman (2015): S. 106
[249] Vgl. Wilson, C. Jacob; Nagy, Mark S. (2017): The effects of personality on workplace bullying. IN: The Psychologist-Manager Journal, 20 (2017), S. 133
[250] Vgl. Judge et al. (2002): S. 773
[251] Vgl. ebd.
[252] Vgl. Neyer, Franz J.; Asendorpf, Jens B. (2018): Psychologie der Persönlichkeit, 6. Auflage, Berlin et al., S. 109

Inhaltlich stellenweise parallel zur Forschung von Persönlichkeitseigenschaften ist auch ein relativ junges Forschungsfeld entstanden, das als sog. dunkle Seite der Führung in die Literatur einzog.[253] Darunter summieren sich Perspektiven auf toxische, destruktive, missbräuchliche und unethische Führung sowie auf kleinkarierte Tyrannei, Psychopathie, Narzissmus und Machiavellismus.[254] Auch negative Verhaltensweisen wie Mobbing, Korruption und Kriminalität werden diesem Segment zugeordnet.[255] Wie bereits auf den Persönlichkeitsfaktor des Neurotizismus in Verbindung zum Mobbing und kontraproduktivem Verhalten ausgeführt, lassen sich hier stellenweise Überschneidungen zugrunde legen, so dass ein Teil davon durch die Erfassung von Persönlichkeitsfaktoren ausgegrenzt werden kann.

Es kann aber angenommen werden, dass das Phänomen insgesamt deutlich komplexer ist und stellenweise auch eine klinische Relevanz als krankheitswerte Erscheinungsformen aufweisen kann (z. B. im Falle der Psychopathologie).[256] Dass aus solchem Führungsverhalten schwerwiegende Schäden für die Mitarbeiter resultieren können, zeigt unter anderem die Studie von Mathieu, Neumann, Hare und Babiak, die psychopathischem Führungsverhalten nicht nur negative Assoziationen mit der Arbeitszufriedenheit der Mitarbeiter und Veränderungen ihrer beruflichen Einstellungen zuweist, sondern auch psychische Belastungen bei den Mitarbeitern sowie gesundheitliche Beeinträchtigungen des Wohlbefindens aufzeigt.[257]

Hier kann ein großes Interesse für Unternehmen zugrunde gelegt werden, ihre Mitarbeiter zu schützen und solche Führungskräfte bereits in der Personalauswahl auszugrenzen. Zwar sind Messinstrumente verfügbar, wie der 27-Punkt-Selbstbericht der dunklen Triade (Indikatoren Narzissmus, Psychopathie und Machiavellismus)[258], jedoch handelt es sich dabei um einen Selbstbericht mit direkter Abfrage, so dass bei der Personaldiagnostik gezielte Verzerrungen von Seiten der Bewerber

---

[253] Vgl. Nerdinger (2014): S. 99
[254] Vgl. ebd.; Furtner (2017): S. 27
[255] Vgl. Nerdinger (2014): S. 99
[256] Vgl. Mathieu, Cynthia et al. (2014): A dark side of leadership: Corporate psychopathy and its influence on employee well-being and job satisfaction. IN: Personality and Individual Differences, 59 (2014), S. 83
[257] Vgl. Mathieu et al. (2014): S. 83
[258] Vgl. Hyatt, Courtland S. et al. (2018): The relation between narcissism and laboratory aggression is not contingent on environmental cues of competition. IN: Personality Disorders: Theory, Research, and Treatment, 9 (2018), S. 545

zu unterstellen sind. Aus diesem Grund sind nachfolgend Erkennungsmöglichkeiten im Rahmen der Personalauswahl zu reflektieren.

Nerdinger führt Aggressivität als kleinsten gemeinsamen Nenner der dunklen Führung aus.[259] Hier bestehen zwar eine Reihe von Messinstrumenten[260], es ist aber anzumerken, dass solche Erhebungen im personaldiagnostischen Kontext sowohl Akzeptanzprobleme der Bewerber[261], als auch Verzerrungspotenzial im Antwortverhalten[262] bergen können, was ihre Eignung hinterfragbar gestaltet. Geringe Akzeptanz als Kontraindikator kann auch für Methoden, wie das Response-Choice Aggression Paradigm unterstellt werden, das Aggressivität experimentell anhand von fiktiv vergebenen Elektroschocks erhebt.[263] Es stellt sich also auch damit das Problem, wie Führungskräfte mit dunklem Führungsverhalten möglichst bereits im Vorfeld effektiv ausgegrenzt werden können.

Neben hohen Ausprägungen von Neurotizismus gibt es auch Hinweise aus der Forschung, dass niedrige Ausprägungen der Verträglichkeit als Indikator der dunklen Triade korrelieren.[264] So kann hier ein entsprechendes Ausgrenzungspotenzial von Kandidaten mit hohem Neurotizismus und niedriger Verträglichkeit angeführt werden.

Zusammenfassend lässt sich festhalten, dass dem Prozess der Führungskräfteselek-tion eine hohe Bedeutung dabei zugestanden werden kann, das Eignungspotenzial von Kandidaten für zeitgemäßes Führungsverhalten und ihre Motivation zur Führung bereits vor dem Stellenantritt einer Erhebung zuzuführen und somit Führungskandidaten, deren Problempotenzial bereits in ihrer zeitlich stabilen Persönlichkeit oder eine problematischen Führungsmotivation begründet liegt, auszugrenzen und sich auf attraktive Kandidaten zu konzentrieren. Die Voraussetzung dafür, dass überhaupt genug attraktive Kandidaten verfügbar sind, soll nachfolgend

---

[259] Vgl. Nerdinger (2014): S. 99
[260] Vgl. Yorck Herzberg, Philip (2006): Lässt sich der Einfluss sozialer Erwünschtheit in einem Fragebogen zur Erfassung aggressiver Verhaltensweisen im Straßenverkehr korrigieren? IN: Zeitschrift für Differentielle und Diagnostische Psychologie, 25 (2006), S. 20 ff.
[261] Vgl. Kanning, Uwe (2018): Standards der Personaldiagnostik, 2. Auflage, Göttingen, S. 248
[262] Vgl. Yorck Herzberg (2006): S. 20 ff.
[263] Vgl. Hyatt, Courtland S. et al. (2018): The relation between narcissism and laboratory aggression is not contingent on environmental cues of competition. IN: Personality Disorders: Theory, Research, and Treatment, 9 (2018), S. 545
[264] Vgl. Furnham, Adrian; Richards, Steven C.; Paulhus, Delroy L. (2013): The Dark Triad of personality: A 10 year review. IN: Social and Personality Psychology Compass, 7 (2013), S. 201

im Zusammenhang mit den organisatorischen Bewältigungspotenzialen ausgeführt werden.

4.3 Analyse von Lösungspotenzialen der organisatorischen Bewältigungsmöglichkeiten

Anhand der verknappten Personalmärkte kann das Dilemma vieler Unternehmen skizziert werden: Personalknappheit begründet vielfach eine Disbalance zwischen Arbeitsaufkommen und Personal, das dieses Aufkommen bewältigen soll (sog. Engpassrisiko).[265] Es drohen Belastungskonstellationen für das Personal[266], das in seiner Zufriedenheit weiter durch Führungskräfte mit fehlender Eignung, bzw. bewusst oder unbewusst problematischem Führungsverhalten beeinträchtigt wird[267], wodurch das Abwanderungsrisiko[268] und Risiko eines negativen Employer Brandings steigen und sich noch weniger Personen für das Unternehmen als Mitarbeiter oder Führungskraft bewerben[269]. Dadurch wiederum steigt das Personaldeckungsrisiko weiter an.[270]

Neben dem reinen Deckungsrisiko sind hier auch motivationale Probleme der Mitarbeiter basierend auf geringen Zufriedenheitsausprägungen sowie adverse Selektionsmechanismen (sog. Negativauslese) auf dem transparenten Personalmarkt anzumerken, da Arbeitgeber mit geringer Attraktivität besonders Bewerber erreichen können, die aufgrund ihrer eigenen fehlenden Attraktivität nicht von der Konkurrenz aufgegriffen wurden.[271]

Die Trennung zwischen externem und internem Personalmarkt als Adressat des Employer Brandings kann – wie der Teufelskreis veranschaulicht – kaum aufrechterhalten werden, da die Adressaten untereinander in Interaktion stehen.[272] Die

---

[265] Vgl. Kobi (2012): S. 3
[266] Vgl. Metz; Rothe (2017): S. 7 f.
[267] Vgl. Kapitel 2.4
[268] Vgl. Kobi (2012): S. 3
[269] Vgl. Baran, Engin (2018): Employer Branding. Komm zu uns, bleib bei uns, binde dich an uns – so bauen Sie eine starke Arbeitgeber-Marke auf, Wiesbaden, S. 5 ff; Gutjahr, Gert (2015): Markenpsychologie. Wie Marken wirken – Was Marken stark macht, 3. Auflage, Wiesbaden, S. 75 f.; Kanning (2017), S. 136 f.
[270] Vgl. Kobi (2012): S. 3
[271] Vgl. Grund, Christian (2006): Mitarbeiterrekrutierung über das Internet — Marktanalyse und empirische Untersuchung von Determinanten und Konsequenzen für die Arbeitnehmer. IN: Journal of Business Economics, 76 (2006), S. 549
[272] Vgl. Kanning (2017): S. 136 f.

gezielte Identifikation und Bearbeitung von personellen Belastungsfaktoren zugunsten einer hohen Mitarbeiterzufriedenheit und Bindung lässt sich in diesem Kontext als Schlüsselfunktion erfassen, die nicht nur die ökonomischen Outcomes weitreichend positiv beeinflusst[273], sondern auch die Attraktivität des Unternehmens auf dem internen und externen Personalmarkt steigert, womit Personaldeckungsrisiken durch das Employer Branding begegnet werden kann.[274] Die Attraktivität eines Arbeitgebers kann also nicht nur extern suggeriert und intern vernachlässigt werden, um Wirksamkeit entfalten zu können.

Im Kontext der Führung begründet dies nicht nur die gezielte Selektion und Entwicklung von Führungskräften zugunsten ihrer Eignung sowie ein fortführendes Controlling[275], sondern auch einen fortwährenden Fokus auf die Potenzialbedarfsplanung, um quantitative Überlastungen von Mitarbeitern zu vermeiden.[276] Das Personalrisikomanagement muss aufgrund der im Teufelskreis aufgezeigten Risikointerdependenzen ganzheitlich auf alle Personalrisiken ausgerichtet sein und in einem fortwährenden Risikomanagementkreislauf gehalten werden[277]:

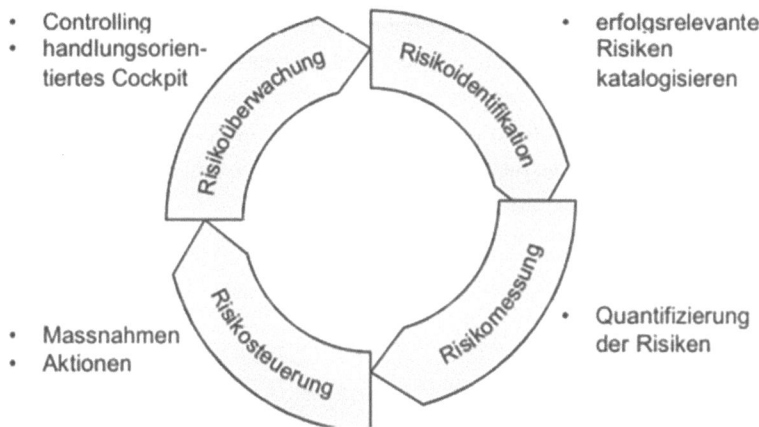

Abbildung 5: Personalrisikomanagementkreislauf[278]

---

[273] Vgl. Kapitel 2.4
[274] Vgl. Edwards, Martin R. (2009): An integrative review of employer branding and OB theory. IN: Personnel review, 39 (2009), S. 9; Kanning (2017): S. 142
[275] Vgl. Kapitel 3.4
[276] Vgl. Kobi (2012): S. 9 f.
[277] Vgl. ebd.
[278] Abb.: Kobi (2012): S. 14

Diesem Risikomanagement sollte auch die Führung unterliegen, die dafür zentralen Instrumente werden im nachfolgenden Unterkapitel aufgezeigt.Für viele Unternehmen kann ein großes Problempotenzial darin gesehen werden, dass das Feld Human Resources keine zeitgemäße strategische Bedeutung erlangt hat, was eine unzureichende Berücksichtigung der Führungsanforderungen bereits strukturell begünstigen kann.[279] Strategische Unternehmensausrichtungen werden vielfach immer noch nach dem Prinzip ‚Structure follows Strategy' konzipiert, so dass HR strukturell an die Strategievorgaben ausgerichtet sein soll.[280] Im Zuge der steigenden Anforderungen an Führungskräfte haben viele Unternehmen auch Führungsgrundsätze (sog. Leadership Guidelines) verfasst, um Handlungsgrundlagen und Werte der Führung deutlich zu machen, ohne jedoch für eine strategische Verankerung zu sorgen.[281] Hier lässt sich das Problem aufzeigen, dass diese Führungsrichtlinien ohne strategische Einbettung oft nur „Lippenbekenntnisse"[282] bleiben und über Führungsprobleme vielfach hinweg gesehen wird.[283]

Diese Perspektive kann im Zuge der Herausforderungen der Personalmärkte und der gestiegenen Relevanz des Personals für die unternehmerische Wettbewerbsfähigkeit als zunehmend weniger tragfähig eingeordnet werden und ist als HR-Effizienzfalle bekannt.[284] Es kann entsprechend als wesentlich eingestuft werden, die HR als relevanten Einflussfaktor von strategischen Potenzialen und Möglichkeiten des Unternehmens in die strategische Ausrichtung des Unternehmens zu integrieren und anhand dieser Integration eine HR-Struktur-Pyramide zu entwickeln, in die HR-Rolle und HR-Organisation eingebettet sind.[285]

---

[279] Vgl. Baran (2018): S. 5 ff; Lebrenz, Christian (2017): Strategie und Personalmanagement. Konzepte und Instrumente zur Umsetzung in Unternehmen, Wiesbaden, S. 11 ff.
[280] Vgl. Schönenberg, Uwe (2010): Prozessexzellenz im HR-Management, Professionelle Prozesse mit dem HR-Management Maturity Model, Berlin et al., S. 4
[281] Vgl. Kobi (2012): S. 131
[282] Vgl. ebd.
[283] Vgl. ebd.
[284] Vgl. Schönenberg (2010): S. 4
[285] Vgl. ebd.

Abbildung 6: HR-Struktur-Pyramide[286]

Es bedarf also auch einer eindeutigen Führungsstrategie, auf die die Führungskräfteselektion und -entwicklung ausgerichtet werden.[287] Mit der strategischen Ausrichtung kann zugleich bei den Führungskräften ein Bewusstsein für die ökonomische Handlungsrelevanz ihres Führungsverhaltens gefördert werden. Auch sollte anhand der strategischen Integration deutlich werden, dass die Missachtung von Führungsgrundsätzen als Verstoß gegen die strategischen Unternehmensinteressen gewertet werden kann. Hier ist es auch möglich, dass sich Unternehmen zugunsten einer Risikosteuerung von nicht entwicklungsfähigen Führungskräften bereinigen müssen.[288]

4.4 Analyse des Risikomanagementbedarfs und Umsetzungspotenziale

Anhand der erheblichen Defizite, die die empirische Forschung für die Führung in deutschen Unternehmen ausweist[289], lässt sich ein großer Bedarf für das Risikomanagement im Feld HR und Führung aufzeigen. Besonders deutlich wurde dieser Bedarf in den Ergebnissen der Studie Führungskultur im Wandel, bei der über drei Viertel der Teilnehmer das Kritikpotenzial ihrer Führung bei den Mitarbeitern nur vermuten konnten.[290]

---

[286] Abb.: Schönenberg (2010): S. 4 f.
[287] Vgl. Hinterhuber, Hans H.; Renzl, Birgit; Werner, Christian H. (2015): Leadership-Strategie. Unternehmerische Führung als Erfolgsfaktor, Wiesbaden, S. 13
[288] Vgl. Hinterhuber; Renzl; Werner (2015): S. 14
[289] Vgl. ebd.
[290] Vgl. Kruse, Greve (2016): S. 10

Hier zeigt sich ein extrem geringer Professionalisierungsgrad im Personalrisikomanagement, der diskrepant zum Anforderungspotenzial ausfällt. Bezugnehmend auf den Risikomanagementkreislauf in Abbildung 5 ist hier anzumerken, dass ohne die Stufen der Risikoidentifikation und Risikobewertung keine adäquate und zielgerichtete Steuerung von Risiken möglich ist.[291] Dabei stehen eine Vielzahl von Indikatoren und Instrumenten zur Verfügung, um Personalrisiken allgemein und spezifisch im Kontext der Führung zu identifizieren, welche umfassend herangezogen werden sollten:

- es können zunächst Kennzahlen zur Identifikation von Führungsproblemen genutzt werden, die im Controlling ohnehin weitreichend erfasst werden, dazu zählen Krankheitsquoten und Fluktuationsraten.[292] Hier ist anzumerken, dass diese Indikatoren keine adäquate Spezifik für Führungsprobleme aufweisen, sondern auf Merkmalsassoziationen fußen, sich aber aufgrund ihrer fortwährenden Verfügbarkeit als erster Risikoindikator betrachten lassen. Auch die genutzte Anzahl der Führungskräfteentwicklungstage/Führungskraft kann als erster Indikator unzureichender Entwicklung dienen.[293]

- regelmäßige Erhebungen der Mitarbeiterzufriedenheit können aufgrund der Assoziation der Zufriedenheit mit der Bindung nicht nur dafür genutzt werden, das Personalabwanderungsrisiko frühzeitig aufzuzeigen, sondern auch dafür um Führungsprobleme zu identifizieren.[294] Hier ist auf die Wahl eines geeigneten Instrumentariums zu verweisen, da in vielen Unternehmen lediglich Führungskräftefeedbacks eingesetzt werden, deren Nutzen aus der Mitarbeiterperspektive kritisch zu reflektieren ist.[295] Als ein maßgebliches Problem kann das Face-to-Face-Setting dieser Feedbacks eingestuft werden, das die Ansprache sensitiver Probleme erschwert.[296] Auch

---

[291] Vgl. ebd.: S. 39
[292] Vgl. Kobi (2012): S. 133
[293] Vgl. ebd.: S. 133 f.; Das, Bidisha Lahka; Baruah, Mukulesh (2013): Employee retention: A review of literature. IN: Journal of Business and Management, 14 (2013), S. 9
[294] Vgl. Nerdinger (2014): S. 98 f.
[295] Vgl. Klaußner (2013): S. 193
[296] Vgl. ebd.; Kaya, Maria (2009): Verfahren der Datenerhebung. In: Albers, Sönke et al. (Hrsg.): Methodik der empirischen Forschung, 3. Auflage, Wiesbaden, S. 52; Drabe, David (2015): Strategisches Aging Workforce Management. Eine Untersuchung der Determinanten und Implikationen von Mitarbeiterzufriedenheit bei Beschäftigten unterschiedlichen Alters, Wiesbaden, S. 67

muss berücksichtigt werden, dass Mitarbeiter, die sich innerhalb der Feedbacks kritisch äußern, danach in den Arbeitskontext zurückkehren, in der sie der Führungskraft danach wieder ausgesetzt sind, was zu einer Verschärfung von Belastungen (z. B. durch dunkle Führung) beitragen kann. Um Verzerrungen in den Mitarbeiterzufriedenheitserhebungen durch Effekte eines sozial erwünschten Antwortverhaltens[297] abzuwenden, erscheint es deswegen dringend erforderlich, diese Erhebungen so durchzuführen, dass der Schutz von Mitarbeitern gewährleistet ist. Die Erhebung sollte also lediglich eine Rückführbarkeit zu Abteilungen, jedoch keine Rückführbarkeit zum Mitarbeiter selbst ermöglichen, um Problemcluster im Einzugsbereich einer Führungskraft identifizierbar zu machen. Aufgrund dieser Anforderungen und zugunsten einer zeiteffizienten Durchführbarkeit lassen sich Online-Erhebungen als geeignete Umsetzungsmethode einstufen.[298] Bei der Wahl des Messinstruments zur Erfassung der Mitarbeiterzufriedenheit ist anzumerken, dass nicht jedes verfügbare Instrument den Kontext der Führung abdeckt. Insbesondere der Job Satisfaction Survey (JSS) bildet den Einfluss der Führung auf die Zufriedenheit ab.[299] Das Minnesota Satisfaction Questionnaire (MSQ) ermöglicht eine Bewertung der menschlichen Führungsqualität, auch der Job Description Index (JDI) (dt. Arbeitsbeschreibungsbogen, ABB) ermöglichen eine Bewertung der Führung in Hinblick auf zentrale Merkmale.[300]

- neben geeigneten Methoden der Mitarbeiterzufriedenheitserhebung sind auch spezifische Instrumente zur Bewertung von Führungsqualität durch die Mitarbeiter verfügbar, dazu zählen z. B. der Index Führungsqualität und der Commitment-Index.[301]
- Instrumente der Arbeitsbelastungserkennung, die im Zuge der unternehmerischen Verpflichtung durch das deutsche Arbeitsschutzrecht ohnehin zu den erforderlichen Controllinginstrumenten zählen sollten, umfassen

---

[297] Vgl. Möhring, Wiebke; Schlütz, Daniela (2010): Die Befragung in der Medien- und Kommunikationswissenschaft. Eine praxisorientierte Einführung, Wiesbaden, S. 46; Drabe (2015): S. 67
[298] Vgl. Drabe (2015): S. 65 f.
[299] Vgl. ebd.
[300] Vgl. ebd.
[301] Vgl. Kobi (2012): S. 133

teilweise auch die Auswirkungen der Führung (z. b. das Verfahren Impuls-Test-2) und lassen sich entsprechend für die Identifikation einsetzen.[302]

- im Zuge eines professionellen Abwanderungsmanagements sollte grundsätzlich eine Erhebung von Abwanderungsgründen erfolgen, die zugleich auch Aufschluss über Fluktuationsursachen im Kontext der Führung gewähren kann.[303] Hier ist anzumerken, dass es sich dabei um Instrumente handelt, die das Risiko bezogen auf die abgewanderten Mitarbeiter zu spät erfassen, insofern eine Rückgewinnung nicht möglich ist, jedoch für die anderen Mitarbeiter von großen Nutzen sein können, da die Informationsbereitschaft bei ausgetretenen Personen größer ausfallen kann, zumal die Vulnerabilität der ausgeschiedenen Mitarbeiter in Bezug auf Unternehmens- und Führungseinflüsse geringer gegenüber den Mitarbeitern im Unternehmen eingestuft werden kann.

Auf Basis des Schadenspotenzials negativer Führung ist für die Risikoidentifikation ein zeitlich möglichst engmaschiges, multimodales Erfassungsvorgehen als empfehlenswert einzustufen, um Identifikationslücken möglichst weitreichend ausgrenzen zu können. Identifikationslücken würde dazu führen, dass Probleme verborgen bleiben und sich entsprechend auch der Risikosteuerung durch das Unternehmen entziehen würden. Zu große Erfassungsabstände würden Veränderungen der Führungsrisiken erst spät abbilden, so dass das Schadenspotenzial (z. B. durch bereits erfolgte Abwanderung von Mitarbeitern) bis dahin steigen könnte.

Nach der Risikoidentifikation erfolgt entsprechend die Risikomessung bzw. -bewertung.[304] Hier ist der Stand der der Problematik sowie das Ausmaß der Auswirkungen zu bewerten, um eine adäquate Risikosteuerung zu ermöglichen.[305] In diesem Feld ist auch das Entwicklungspotenzial von Führungskräften einzuschätzen, um die Wahl des Steuerungsinstruments möglichst zielsicher zu ermöglichen. Insbesondere sollte eine Abklärung erfolgen, ob die Probleme auf unzureichende

---

[302] Vgl. Parpart, Jens (2016): Psychische Belastungen am Arbeitsplatz, Gefährdungs- und Belastungsanalyse der psychischen Belastungen am Arbeitsplatz nach dem deutschen Arbeitsschutzgesetz. IN: Psychotherapeut, 61 (2016), S. 346 ff.; Humanware GmbH (2018): Impulstest2 Professional: Wie sieht der Fragebogen aus?. https://www.impulstest2.info/der-fragebogen (20.12.2018), o. S.

[303] Vgl. Das; Baruah (2013): S. 14

[304] Vgl. Abbildung 5

[305] Vgl. Romeike, Frank (2018): Risikomanagement, Wiesbaden, S. 37

Entwicklung oder nicht von der Organisation zu beeinflussende Faktoren zurückzuführen ist.

Entsprechend dieser Bewertung lassen sich folgende Maßnahmen der Risikosteuerung anführen:

- Maßnahmen der Führungskräfteentwicklung sind besonders bei Führungskräften als Risikosteuerungsinstrument anzusiedeln, bei denen Potenzial für eine anforderungsgerechte Führung zugrunde gelegt werden kann, um eine Fehlallokation von Ressourcen zu vermeiden.[306] Hier ist auch die bereits durchlaufene Führungskräfteentwicklung zu berücksichtigen, die Hinweise darauf geben kann, inwiefern weitere Investitionen als rentabel einzuschätzen sind.

- Kündigungen oder Versetzungen auf Positionen ohne Führungsposition lassen sich als Instrument der Risikosteuerung dort verorten, wo sich Persönlichkeitsfaktoren, dunkles Verhalten und Führungsmotivation als Kontraindikatoren betrachten lassen.[307] Kontinuität dieser Führung würde hier ein zu hohes Risiko für das Personal bergen, so dass eine Entbindung der Führungskraft von ihrer Tätigkeit naheliegt.

- Probleme im Bereich der Führungskraft können auch auf Konflikte mit einzelnen Mitarbeitern hinweisen, die sich nicht verbindlich aus Führungsdefiziten speisen müssen. Für diese Anwendungsfälle können Instrumente der Konfliktbewältigung als Risikosteuerungsinstrument herangezogen werden, z. B. durch den Einsatz von Mediatoren.[308]

---

[306] Vgl. Lacerenza et al. (2017): S. 1686
[307] Vgl. Kapitel 3.2
[308] Vgl. Schwarz, Gerhard (2010): Konfliktmanagement. Konflikte erkennen, analysieren, lösen, 8. Auflage, Wiesbaden, S. 318; Proksch, Stephan (2018): Mediation. Die Kunst der professionellen Konfliktlösung, Wiesbaden, S. 7 f.

5 Handlungsempfehlungen, Fazit und Ausblick

Die vorliegende Arbeit verfolgt die Leitfragestellung, welche ökonomischen Folgen Unternehmen in Deutschland drohen, die moderne Perspektiven der Führung bzw. das New Leadership nicht adäquat berücksichtigen.

Dafür setzte sich der Autor zunächst mit den theoretischen Grundlagen des New Leaderships auseinander. Im Zuge der inhaltlichen Auseinandersetzung zeigte sich, dass sich darunter weitreichende Perspektiven summieren, die sich auf die Beziehung zwischen Führungskraft und Mitarbeiter, sowie einer optimalen Erschließung von Mitarbeiterpotenzialen durch Führung konzentrieren.

Dabei unterliegt New Leadership einer schwierigen inhaltlichen Eingrenzbarkeit, zumal sich das Themengebiet auch der anforderungsgerechten Führung verschrieben hat. Im Zuge dieser anforderungsgerechten Führung zeigten sich besonders konzeptionelle Zuordnungen der emotionalen Führung und der transformationalen Führung als bedeutsame Konzepte, obgleich die emotionale Führung sehr starke inhaltliche Bezüge zur Persönlichkeit des Führenden aufzeigt.

Die Auseinandersetzung mit den aktuellen und zukünftigen Herausforderungen der Führung hat aufgezeigt, dass der Personalmarkt einem zunehmend intensivierten Wettbewerb der Unternehmen um attraktive Ressourcen unterliegt. Die Attraktivität eines Unternehmens als Arbeitgeber hat sich dabei als Faktor etabliert, der auch fortführend über die Wettbewerbsfähigkeit von Unternehmen auf den Absatzmärkten entscheiden kann, wenn das Personalrisiko nicht zugunsten der Wertschöpfungsfähigkeit von Unternehmen bewältigt werden kann.

Führung erwies sich hier als zentraler Einflussfaktor dieses Personalrisikos, da die Zufriedenheit und Bindung der Mitarbeiter, ebenso wie das Employer Branding durch Führung empfindlich beeinträchtigt werden können. Die Verbreitung von Führungsproblemen in Deutschland verwies anhand empirischer Studien auf erhebliche Defizite in der Mitarbeiterzufriedenheit und Bindung mit einer Vielzahl von damit interdependenten Risiken.

Es konnte deutlich gemacht werden, dass ein hoher Anteil von Führungskräften die Wettbewerbsfähigkeit ihrer Unternehmen sowohl auf dem Personalmarkt als auch auf dem Absatzmarkt beinträchtigen, indem sie die menschliche Grundbedürfnisse missachten, die Zufriedenheit und Bindung ihrer Mitarbeiter schwächen und die damit zusammenhängenden produktiven und ökonomischen Outcomes konterkarieren.

Diesen Risiken kann bereits anhand der demographischen Prognosen eine zukünftige Verschärfung zugeordnet werden. Auch ist die Transparenz des externen und internen Personalmarkts stark angestiegen, was das Risiko eines durch Führung unattraktiven Arbeitgebers über das Employer Branding noch stärker an das Personaldeckungsrisiko sowie an das Risiko von adversen Selektionsmechanismen als Leistungsrisiko koppelt.

Die Leitfragestellung dieser Arbeit lässt sich entsprechend wie folgt beantworten: Unternehmen, die Führung hier nicht als zentrales Instrument zur Anforderungsbewältigung verstehen und stattdessen auf Führungskonzepte setzen, denen die Forschung bereits seit mehreren Jahrzehnten negative motivatorische, produktive und ökonomische Outcomes attestiert, drohen hier zunehmend existenziell kritische Wettbewerbspositionen, die sich durch die Personalrisiken auch auf den Absatzmarkt transferieren.

Die Förderung von Mitarbeiterzufriedenheit und Bindung durch Führung hat sich dabei als Faktor herausarbeiten lassen, der eine ganze Bandbreite von unternehmerischen Einflusspotenzialen zugunsten eines effektiven Risikomanagements aufzeigt, die bislang unzureichend genutzt erscheinen:

- die Entwicklung von Führungskräften konnte nicht nur auf metaanalytischer Ebene als sehr wirksam aufgezeigt werden, es konnte auch ein hoher Bedarf von Seiten der Führungskräfte verzeichnet werden. Die in Kapitel 4 beschriebenen Möglichkeiten, Führungskräften die Auswirkungen ihres Handelns reflexiv zu verdeutlichen, sie zur Förderung von Mitarbeiterzufriedenheit und Bindung zu befähigen und sie die dafür praxisrelevanten Kompetenzen trainieren zu lassen, schätzt der Autor als sehr relevant ein.

- die Bedeutung der Führungskräfteselektion zeigte sich bereits anhand des engen Bezugsrahmens der emotionalen Führung als Konzept und der Persönlichkeit des Führenden. Auch für die transformationale Führung und deren Vorläufer der transaktionalen Führung zeigten sich Bezüge, ebenso beim Negativphänomen der dunklen Führung. Es kann entsprechend abgeleitet werden, dass erhebliche Anteile von Führungskräften mit Positivoder Negativpotenzial auf die Mitarbeiterzufriedenheit und Bindung bereits im Rahmen der Führungskräfteselektion identifiziert werden können. Das dafür vielfältig verfügbare Instrumentarium sollte entsprechend genutzt werden. Auch sollte die Motivation zur Führung im Vorfeld geprüft werden, da hier Verbindungen zum Führungskräftepotenzial identifiziert werden konnten und sich nonkalkulierte sowie lediglich extern führungsmotivierte Kräfte als Kandidaten mit erhöhtem Risiko einstufen lassen, den Führungsanforderungen nicht adäquat entsprechen zu können.

- die organisatorischen Bewältigungsmöglichkeiten erscheinen ebenfalls unzureichend berücksichtigt. Hier zeigte sich das Problem einer unzureichenden strategischen Verankerung der Führung bereits als ein strukturelles Problem von Unternehmen zu Lasten des Personalrisikos. Dieses Problem kann als diskrepant zu den Anforderungen verstanden werden, da damit wettbewerbsrelevante Anforderungen unzureichende Aufmerksamkeit erreichen. Dies zeigte sich besonders deutlich an den Forschungsergebnissen, die auf ein Problembewusstsein der Führungskräfte hinwiesen, ohne dass daraus praktische Veränderungen resultierten. In Folge eines strategischen Defizits erscheint es konsistent, wenn vom Unternehmen entwickelte Führungsgrundsätze sich unzureichend in die Praxis transformieren lassen. Strategie kann also nicht mehr zeitgemäß nach dem Prinzip ‚Structure follows Strategy' gedacht werden, wenn die ‚Structure' Ausgangsressource Personal einer kritischen Gefährdung unterliegt. Ein ressourcenorientierter Ansatz ist also bereits bei der Strategieentwicklung gefragt, um Führungsgrundsätze mitarbeiterbedürfnisgerecht ausgestalten zu können und in gelebte Praxisformen zu transformieren.

- für die Potenziale des Risikomanagements verweist die hohe Verbreitung von Führungsproblemen ebenfalls auf eine unzureichende Nutzung bzw. unzureichende Professionalisierung vieler Unternehmen. Die fortwährende Identifikation von Führungsrisiken kann in diesem Kontext als Ausgangsbedingung eines effektiven Risikomanagements erfasst werden, auf die der Risikomanagementkreislauf der Führung angewiesen ist, um Risikoanalysen durchführen und Risikosteuerungsmaßnahmen konzipieren zu können. Für die Identifikation von Führungsrisiken kann angeführt werden, dass sich negative Ausprägungen der Führung aufgrund der engen Verbindung zwischen Führungsverhalten und Mitarbeiterzufriedenheit im Unternehmen umfassend identifizieren lassen sollten und zahlreiche weitere Indikatoren zur Verfügung stehen, die einer tiefergehenden Risikoanalyse zugeführt werden können. Für die Steuerung von Führungsrisiken stehen Maßnahmen der Führungskräfteentwicklung, der Kündigungen oder Versetzungen auf Positionen ohne Führungstätigkeit sowie Instrumente des Konfliktmanagements zur Verfügung.

Zusammenfassend lassen sich also hohe Anforderungen unter noch nicht adäquat genutzten aber weitreichend vorhandenen Bewältigungsmöglichkeiten für die praktische Etablierung anforderungsgerechter Unternehmensführung anführen.

Literaturverzeichnis

Andrei, Frederica et al. (2016): The incremental validity of the Trait Emotional Intelligence Questionnaire (TEIQue): A systematic review and meta-analysis. IN: Journal of personality assessment, 98 (2016), S. 261-276.

Apt, Wenke; Bovenschulte, Marc (2018): Zukunft der Arbeit – Eine praxisnahe Betrachtung. In: Wischmann, Steffen, Hartmann; Ernst Andreas (Hrsg.): Die Zukunft der Arbeit im demografischen Wandel, Wiesbaden, S. 159-173

Arenberg, Petra (2018): Age Diversity in Organisationen als Ressource zur erfolgreichen Adaption an den demografischen Wandel. In: SRH Fernhochschule (Hrsg.): Demografischer Wandel, Aufbruch in eine altersgerechte Arbeitswelt, Wiesbaden, S. 1-12

Arnold Rolf (2011): Emotionale Führung. In: Göhlich, Michael et al. (Hrsg.): Organisation und Führung, Wiesbaden, S. 301-310

Asendorpf, Jens B.; Neyer, Franz J. (2018): Psychologie der Persönlichkeit, 6. Auflage, Berlin et al., S. 2f.

Au, Corinna von (2017): Von Burnout, Boreout und Narzissmus zur holistischen, wertschätzenden und lernenden Führungskultur. In: Au, Corinna von (Hrsg.): Struktur und Kultur einer Leadership-Organisation, Holistik, Wertschätzung, Vertrauen, Agilität und Lernen, Berlin et al., S. 1-36

Baran, Engin, Employer Branding (2018): Komm zu uns, bleib bei uns, binde dich an uns – so bauen Sie eine starke Arbeitgeber-Marke auf, Wiesbaden, S. 5 ff.

Berger, Peter (2018): Praxiswissen Führung, Grundlagen – Reflexion – Haltung, Wiesbaden, S. 9

Bonazzi, Guiseppe; Tacke, Veronika (2014): Taylorismus oder: Wissenschaftliche Betriebsführung. In: Tacke, Veronika (Hrsg.): Geschichte des organisatorischen Denkens, 2. Auflage, S. 25-46

Bono, Joyce E.; Judge, Timothy A. (2004): Personality and transformational and transactional leadership: a meta-analysis. IN: Journal of applied psychology, 89 (2004), S. 901-910

Borgatta, Edgar; Bales, Robert F.; Couch, Athur S. (1954): Some findings relevant to the great man theory of leadership. IN: American Sociological Review, 19 (1956), S. 755-759

Brandstätter, Veronica et al. (2018): Motivation und Emotion, Allgemeine Psychologie für Bachelor, 2. Auflage, Berlin et al., S. 222 ff.

Brown, Steven P.; Lam, Son K. (2008): A meta-analysis of relationships linking employee satisfaction to customer responses. IN: Journal of Retailing, 84 (2008), S. 243-255.

Brussig, Martin (2015): Demografischer Wandel, Alterung und Arbeitsmarkt in Deutschland, IN: KZfSS Kölner Zeitschrift für Soziologie und Sozialpsychologie. 67 (2015), S. 295-324

Buengeler, Claudia; Homan, Astrid C. (2015): Diversity in Teams: Was macht diverse Teams erfolgreich?. In: Genkova, Petia, Ringeisen, Tobias (Hrsg.): Handbuch Diversity Kompetenz: Perspektiven und Anwendungsfelder, Wiesbaden, S. 1-12

Bundesagentur für Arbeit (2018): Monatsbericht zum Arbeits- und Ausbildungsmarkt, November 2018. https://statistik.arbeitsagentur.de/Statistikdaten/Detail/201811/arbeitsmarktberichte/monatsbericht-monatsbericht/monatsbericht-d-0-201811-pdf.pdf (20.12.2018)

Büttgen, Marion; Kissel, Patrick (2013): Der Einsatz von Social Media als Instrument des Employer Branding. In: Stock-Homburg, Ruth (Hrsg.): Handbuch Strategisches Personalmanagement, 2. Auflage, Wiesbaden, S. 107-124

Cernavin, Oleg et al. (2015): Digitalisierung der Arbeit und demografischer Wandel. IN: Jeschke, Sabina et al. (Hrsg.): Exploring Demographics, Wiesbaden, S. 67-81

Chan, Kim Yin; Drasgow, Fritz (2001): Toward a theory of individual differences and leadership: understanding the motivation to lead. IN: Journal of Applied Psychology, 86 (2001), S. 481-498

Chang, Chu-Hsiang; Rosen, Christopher C.; Levy, Paul E. (2009): The Relationship Between Perceptions of Organizational Politics and Employee Attitudes, Strain, and Behavior: A Meta-Analytic Examination, New York, S. 787

Cobb-Clark, Deborah A.; Schurer, Stephanie (2012): The stability of big-five personality traits. IN: Economics Letters, 115 (2012), S. 11-15

Dalal, Reeshad S. (2005): A meta-analysis of the relationship between organizational citizenship behavior and counterproductive work behavior. IN: Journal of Applied Psychology, 90 (2005), S. 1241-1255

Das, Bidisha Lahka; Baruah, Mukulesh (2013): Employee retention: A review of literature. IN: Journal of Business and Management, 14 (2013), S. 8-16

DeGroot, Timothy; Kiker, D. Scott; Cross, Thomas C. (2000): A meta-analysis to review organizational outcomes related to charismatic leadership. IN: Canadian Journal of Administrative Sciences/Revue Canadienne des Sciences de l'Administration, 17 (2000), S. 356-372

DGB Index Gute Arbeit (2015): Arbeitsbedingte Belastung und Beanspruchung. Wie die Beschäftigten den Zusammenhang beurteilen Ergebnisse einer Sonderauswertung zum DGB-Index Gute Arbeit für die Jahre 2012-14, http://index-gute-arbeit.dgb.de/++co++b40652a8-7895-11e5-8f4f-52540023ef1a (20.12.2018)

Drabe, David (2015): Strategisches Aging Workforce Management, Eine Untersuchung der Determinanten und Implikationen von Mitarbeiterzufriedenheit bei Beschäftigten unterschiedlichen Alters, Wiesbaden, S. 63 - 71

Dumdum, Uldarico Rex; Lowe, Kevin B.; Avolio, Bruce J. (2013): A meta-analysis of transformational and transactional leadership correlates of effectiveness and satisfaction: An update and extension, https://www.emeraldinsight.com/doi/full/10.1108/S1479-357120130000005008 (20.12.2018).

Edwards, Martin R. (2009): An integrative review of employer branding and OB theory. IN: Personnel review, 39 (2009), S. 5-23

Ehresmann, Cona; Badura, Berhard (2018): Sinnquellen in der Arbeitswelt und ihre Bedeutung für die Gesundheit. IN: Badura, Bernhard et al. (Hrsg.): Fehlzeiten-Report 2018, Sinn erleben – Arbeit und Gesundheit, Berlin et al., S. 47-59

Elprana, Gwen; Felfe, Jörg (2018): Die Rolle der Führungsmotivation für erfolgreiche Führungskarrieren. In: Kauffeld, Simone; Spurk, Daniel (Hrsg.): Handbuch Karriere und Laufbahnmanagement, Berlin et al., S. 407-423

Enderle, Inga (2018): Kollegiale Selbstverwaltung als Führungsprinzip, 2018, Wiesbaden, S. 53

Estrada, Michelle; Brown, Justin; Lee, Fiona (1995): Who gets the credit? Perceptions of idiosyncrasy credit in work groups. IN: Small Group Research, 26 (1995), S. 56-76

Faragher, Brian E.; Cass, Monica; Cooper, Cary L. (2005): The relationship between job satisfaction and health: a meta-analysis. IN: Occupational and Environmental Medicine, 62 (2005), S. 105–112

Fiedler, Marina et al. (2016): Die Zeit ist reif. Glücklich arbeiten, Studie über die Geheimnisse der glücklichsten Unternehmen und Mitarbeiter. https://www.roberthalf.de/sites/roberthalf.de/files/pdf/noindex/robert-half-deutschland-gluecklich-arbeiten.pdf (20.12.2018)

Franken, Swetlana (2016): Führen in der Arbeitswelt der Zukunft, Instrumente, Techniken und Best-Practice-Beispiele, Wiesbaden, S. 37 - 41

Franken, Swetlana (2015): Personal, Diversity Management, Wiesbaden, S. 7

Franz, Christine (2011): Bildungsprofile von Führungskräften – Vielfalt statt Verdrängung. IN: Voss-Dahm, Dorothea, Mühge, Gernot, Schmierl, Klaus, Struck, Olaf (Hrsg.): Qualifizierte Facharbeit im Spannungsfeld von Flexibilität und Stabilität, Wiesbaden, S. 187-210.

Fried, Yitzhak et al. (2013): The mediating effects of job satisfaction and propensity to leave on role stress-job performance relationships: Combining meta-analysis and structural equation modeling. IN: From Stress to Wellbeing, 1 (2013), S. 231-253.

Frost, Martina et al. (2018): Führung und Organisation in der Arbeitswelt 4.0. In: Cernavin, Oleg, Schröter, Welf, Stowasser, Sascha (Hrsg.): Prävention 4.0., Berlin et al., S. 159-188

Furnham, Adrian; Richards, Steven C.; Paulhus, Delroy L. (2013): The Dark Triad of personality: A 10 year review. IN: Social and Personality Psychology Compass, 7 (2013), S. 199-216

Furtner, Marco; Baldegger, Urs (2016): Self-Leadership und Führung, Theorien, Modelle und praktische Umsetzung, 2. Auflage, Wiesbaden, S. 10-15, 166

Furtner, Marco (2017): Dark Leadership, Narzisstische, machiavellistische und psychopathische Führung, Wiesbaden, S. 27

Gallup (2017): Weiche Faktoren zahlen sich mit harter Münze aus, http://www.gallup.de/file/184019/Metaanalyse_2016.pdf?g_source=link_intdede&g_campaign=item_183104&g_medium=copy (20.12.2018).

Gerardi, Claudia et al. (2014): Fachkonzept, Führung und psychische Gesundheit. https://www.dguv.de/medien/inhalt/praevention/fachbereiche_dguv/fb-gib/psyche/broschuere_fuehrung.pdf (20.12.2018)

Goleman, Daniel; Boyatzis, Richard; McKee, Annie (2006): Emotionale Führung. In: Boersch, Cornelius, Diest, Friedrich von (Hrsg.): Das Summa Summarum des Erfolgs, Wiesbaden, S. 217-230

Grabmeier, Stephan (2015): New Leadership–Führung in der Arbeitswelt 4.0, http://innovation-evangelists.com/fileadmin/Dateien/PDF/Artikel/New_Leadership_-_Fuehrung_in_der_Arbeitswelt_4.0.pdf (20.12.2018)

Grijalva, Emily; Newman, Daniel A. (2015): Narcissism and counterproductive work behavior (CWB): Meta-analysis and consideration of collectivist culture, Big Five personality, and narcissism's facet structure. IN: Applied Psychology, 64 (2015), S. 93-126

Grund, Christian (2006): Mitarbeiterrekrutierung über das Internet - Marktanalyse und empirische Untersuchung von Determinanten und Konsequenzen für die Arbeitnehmer. IN: Journal of Business Economics, 76 (2006), S. 451-472

Guerreiro, Joao; Rebelo, Sergio; Teles, Pedro (2018): Should Robots be Taxed?. https://repositori.upf.edu/bitstream/handle/10230/34457/Ademu-WP-085-2018%20Should%20robots%20be%20taxed.pdf?sequence=1&isAllowed=y (20.12.2018)

Gutjahr, Gert (2015): Markenpsychologie, Wie Marken wirken - Was Marken stark macht, 3. Auflage, Wiesbaden, S. 75 f.

Gutting, Doris (2015): Diversity Management als Führungsaufgabe, Potenziale multikultureller Kooperation erkennen und nutzen, Wiesbaden, S. 1 - 4

Harter, James K.; Schmidt, Frank. L.; Hayes, Theordore. L. (2002): Business-unit-level relationship between employee satisfaction, employee engagement, and business outcomes: a meta-analysis. IN: Journal of applied Psychology, 87 (2002), S. 268-279

Hirnschal, Ernst (2017): Unternehmenskultur in Zeiten von Arbeit 4.0 und demografischem Wandel. IN: Herget, Josef; Strobl, Herbert (Hrsg.): Unternehmenskultur in der Praxis, Grundlagen – Methoden – Best Practices, Wiesbaden, S. 73-91

Holtbrügge, Dirk (2018): Personalmanagement, 7. Auflage, Wiesbaden, S. 234 - 251

Humanware GmbH (2018): Impulstestl2 Professional: Wie sieht der Fragebogen aus?. https://www.impulstest2.info/der-fragebogen (20.12.2018)

Hyatt, Courtland S. et al. (2018): The relation between narcissism and laboratory aggression is not contingent on environmental cues of competition. IN: Personality Disorders: Theory, Research, and Treatment, 9 (2018), S. 543-552

Johnston, Marc W. et al. (1990): A longitudinal assessment of the impact of selected organizational influences on salespeople's organizational commitment during early employment. IN: Journal of Marketing Research, 27 (1990), S. 333-344

Jordan, Peter J., Troth, Ashlea (2011): Emotional intelligence and leader member exchange: The relationship with employee turnover intentions and job satisfaction. IN: Leadership & Organization Development Journal, 32 (2011), S. 260-280

Judge, Timothy A., Bono, Joyce E., Ilies, Remus, Gerhardt, Megan W. (2002): Personality and leadership. A qualitative and quantitative review. IN: Journal of applied psychology, 87 (2002), S. 765-780

Judge, Timothy A., Colbert, Amy E., Ilies, Remus (2004): Intelligence and leadership: a quantitative review and test of theoretical propositions. IN: Journal of Applied Psychology, 89 (2004), S. 542-552

Judge, Timothy A., Piccolo, Ronald F., Ilies, Remus (2004): The forgotten ones? The validity of consideration and initiating structure in leadership research. IN: Journal of Applied Psychology, 89 (2004), S. 36-51

Judge, Timothy A. et al. (2010): The relationship between pay and job satisfaction: A meta-analysis of the literature. IN: Journal of Vocational Behavior, 77 (2010), S. 157-167

Judge, Timothy A., Thoresen, Carl J., Bono, Joyce E., Patton, Gregory K. (2001): The job satisfaction-job performance relationship: A qualitative and quantitative review. IN: Psychological Bulletin, 127 (2001), S. 376-407

Judge, Timothy. A., Bono, Joyce E., Ilies, Remus, Gerhardt, Megan W. (2002): Personality and leadership: a qualitative and quantitative review. IN: Journal of applied psychology, 87 (2002), S. 765-780

Kanning, Uwe (2017): Personalmarketing, Employer Branding und Mitarbeiterbindung, Forschungsbefunde und Praxistipps aus der Personalpsychologie, Berlin et al.

Kanning, Uwe (2018): Standards der Personaldiagnostik, 2. Auflage, Göttingen, S. 248

Kauffeld, Simone; Ianiro, Patricia; Sauer, Nils (2014): Führung. IN: Kauffeld, Simone (Hrsg.): Arbeits-, Organisations- und Personalpsychologie für Bachelor, 2. Auflage, Berlin et al., S. 71-98

Kaya, Maria (2009): Verfahren der Datenerhebung. In: Albers, Sönke et al. (Hrsg.): Methodik der empirischen Forschung, 3. Auflage, Wiesbaden, S. 49-64

Kessler, Thomas; Fritsche, Immo (2018): Sozialpsychologie, Berlin et al., S. 76 ff.

Klaußner, Stefan (2013): Führung und Feedback: zwischen Reflexion und Retention. Überlegungen zur Konzeption von Führungsgesprächen. IN: Schmalenbachs Zeitschrift für betriebswirtschaftliche Forschung, 66 (2013), S. 191-212

Kobi, Jean-Marcel (2012): Personalrisikomanagement, Strategien zur Steigerung des People Value, 3. Auflage, Wiesbaden, S. 3 - 179

Krüger, Kathy (2018): Herausforderung Fachkräftemangel, Erfahrungen, Diagnosen und Vorschläge für die effektive Personalrekrutierung, Wiesbaden, S. 2 - 18

Kruse, Peter; Greve, Andreas (2016): Monitor Führungskultur im Wandel. Kulturstudie mit 400 Tiefeninterviews. https://www.inqa.de/SharedDocs/PDFs/DE/Publikationen/fuehrungskultur-im-wandel-monitor.pdf?__blob=publicationFile (20.12.2018)

Kühn, Franka (2017): Die demografische Entwicklung in Deutschland. http://www.bpb.de/politik/innenpolitik/demografischer-wandel/196911/fertilitaet-mortalitaet-migration (20.12.2018)

Lacerenza, Christina et al. (2017): Leadership training design, delivery, and implementation: A meta-analysis. IN: Journal of Applied Psychology, 102 (2017), S. 1686-1718

Lebrenz, Christian (2017): Strategie und Personalmanagement. Konzepte und Instrumente zur Umsetzung in Unternehmen, Wiesbaden, S. 11 ff.

Leidenfrost, Jana; Küttner, Andrea (2014): Führungskräfteentwicklung. Angewandte Psychologie für Managemententwicklung und Performance-Management. IN: Eck, Claus D. et al. (Hrsg.): Führungskräfteentwicklung, Angewandte Psychologie für Managemententwicklung und Performance-Management, Berlin et al., S. 33 - 66

Linden, Dimitri van den et al. (2017): Overlap between the general factor of personality and emotional intelligence: A meta-analysis. IN: Psychological Bulletin, 143 (2017), S. 36 - 52

Mathieu, Cynthia et al. (2014): A dark side of leadership: Corporate psychopathy and its influence on employee well-being and job satisfaction. IN: Personality and Individual Differences, 59 (2014), S. 83 - 88

Mattmüller, Roland et al. (2015): Fallstudien zu aktuellen Herausforderungen im Employer Branding und Personalmarketing. In: Hesse, Gero, Mattmüller, Roland (Hrsg.): Perspektivwechsel im Employer Branding, Wiesbaden, S. 105 - 200

McCrae, Robert R.; John, Oliver P. (1992): An introduction to the five-factor model and its applications. IN: Journal of Personality, 60 (1992), S. 175-215

Mehler, Regina (2018): HR als Business-Treiber der Transformation. IN: Ternes, Anabel; Wilke, Clarissa (Hrsg.): Agenda HR, Digitalisierung, Arbeit 4.0, New Leadership, Wiesbaden, S. 13 - 19

Metz, Anna-Marie; Rothe, Heinz-Jürgen (2017): Screening psychischer Arbeitsbelastung. Ein Verfahren zur Gefährungsbeurteilung, Wiesbaden, S. 17

Möhring, Wiebke; Schlütz, Daniela (2010): Die Befragung in der Medien- und Kommunikationswissenschaft, Eine praxisorientierte Einführung, Wiesbaden, S. 67

Nerdinger, Friedemann (2014): Führung von Mitarbeitern. In: Nerdinger, Friedemann, Blickle, Gerhard, Schaper, Niclas (Hrsg.). Arbeits- und Organisationspsychologie, 3. Auflage, Berlin et al., S. 83 - 102.

Neyer, Franz J.; Asendorpf, Jens B. (2018): Psychologie der Persönlichkeit, 6. Auflage, Berlin et al., S. 2 - 109

Nink, Marco (2018): Engagement Index: Die neuesten Daten und Erkenntnisse der Gallup-Studie, München, S. 10 - 120

Nishii, Lisa H.; Mayer, David M. (2009): Do inclusive leaders help to reduce turnover in diverse groups? The moderating role of leader–member exchange in the diversity to turnover relationship. IN: Journal of Applied Psychology, 94 (2009), S. 1412 - 1426.

Organ, Dennis (1996): Leadership: The great man theory revisited. IN: Business Horizons, 39 (1996), S. 1 - 4

Paetz, Friederike (2016): Persönlichkeitsmerkmale als Segmentierungsvariablen: Eine empirische Studie. IN: Schmalenbachs Zeitschrift für betriebswirtschaftliche Forschung, 68 (2016), S. 279 - 306

Parpart, Jens (2016): Psychische Belastungen am Arbeitsplatz, Gefährdungs- und Belastungsanalyse der psychischen Belastungen am Arbeitsplatz nach dem deutschen Arbeitsschutzgesetz. IN: Psychotherapeut, 61 (2016), S. 345 - 360

Peters, Theo (2015): Leadership, Traditionelle und moderne Konzepte, Wiesbaden, S. 1 - 55

Pfeiffer, Sabine (2017): The Vision of "Industrie 4.0" in the Making - a Case of Future Told, Tamed, and Traded, IN: NanoEthics, 11 (2017), S. 107 - 121

Prati, Melita L. et al. (2003): Emotional intelligence, leadership effectiveness, and team outcomes. IN: The International Journal of Organizational Analysis, 11 (2003), S. 21 - 40

Proksch, Stephan (2018): Mediation, Die Kunst der professionellen Konfliktlösung, Wiesbaden, S. 7 f.

Romeike, Frank (2018): Risikomanagement, Wiesbaden, S. 37

Rose, Nico (2015): Demokratisierung von Unternehmensleitung: Führung auf Zeit, Führung von unten, Führung ohne Führung. IN: Widuckel et al. (Hrsg.): Arbeitskultur 2020, Herausforderungen und Best Practices der Arbeitswelt der Zukunft, Wiesbaden, S. 323 - 334

Rösler, Ulrike et al. (2008): Psychosoziale Merkmale der Arbeit, Überforderungserleben und Depressivität. IN: Zeitschrift für Arbeits-und Organisationspsychologie, 52 (2008), S. 191 - 203

Ruthus, Julia (2014): Arbeitgeberattraktivität aus Sicht der Generation Y, Handlungsempfehlungen für das Human Resources Management, Wiesbaden, S. 163 ff.

Salgado, Jesus F. (2002): The Big Five personality dimensions and counterproductive behaviors. IN: International Journal of Selection and Assessment, 10 (2002), S. 117 - 125.

Schönenberg, Uwe (2010): Prozessexzellenz im HR-Management. Professionelle Prozesse mit dem HR-Management Maturity Model, Berlin et al., S. 4 f.

Schreyögg, Astrid (2010): Coaching für die neu ernannte Führungskraft, 2. Auflage, Wiesbaden, S. 47

Schwarz, Gerhard (2010): Konfliktmanagement, Konflikte erkennen, analysieren, lösen, 8. Auflage, Wiesbaden, S. 318

Schwarzmüller, Tanja; Brosi, Prisca; Welpe, Isabell (2017): Führung 4.0 – Wie die Digitalisierung Führung verändert. IN: Hildebrandt, Alexandra; Landhäußer, Werner (Hrsg.): CSR und Digitalisierung. Der digitale Wandel als Chance und Herausforderung für Wirtschaft und Gesellschaft, Wiesbaden, S. 617 - 628

Seele, Hagen (2016): Die Wirkung von enttäuschten Mitarbeitererwartungen an Personalführung, Attributionstheoretische Effekte und Handlungskonsequenzen, Wiesbaden, S. 40

Stadlober, Sabine (2017): Reflexions- und Transfermaßnahmen in der Führungskräfteentwicklung, Konzeption, Durchführung, Prozessbegleitung und Evaluation, Berlin et al., S. 14 f.

Statistisches Bundesamt (2017): Code 48121-0002. https://www-genesis.destatis.de/genesis/online/data;sid=5D00AA4DB1D210022DB954089204D92E.GO_2_1?operation=abruftabellenVerzeichnis (20.12.2018)

Statistisches Bundesamt (2018): Code "12411-0005". https://www-genesis.destatis.de/genesis/online (20.12.2018)

Steffens, Niklas K. et al. (2017): A meta-analytic review of social identification and health in organizational contexts. IN: Personality and Social Psychology Review, 21 (2017), S. 303 - 335

Stiehl, Sybille et al. (2015): Personality and Leadership Intention. IN: Zeitschrift für Arbeits-und Organisationspsychologie, 59 (2015). S. 188 - 205

Stock-Homburg, Ruth (2012): Der Zusammenhang zwischen Mitarbeiter- und Kundenzufriedenheit. Direkte, indirekte und moderierende Effekte, 5. Auflage, Wiesbaden, S. 112

Stock-Homburg, Ruth; Özbek-Potthoff, Gülden (2013): Verhaltenstheoretische Perspektive der Mitarbeiterführung. In: Stock-Homburg, Ruth (Hrsg.): Handbuch Strategisches Personalmanagement, 2. Auflage, Wiesbaden, S. 349 - 369.

Sturm, Mareen et al. (2011): Transformationale, transaktionale und passiv-vermeidende Führung. IN: Zeitschrift für Arbeits-und Organisationspsychologie A&O, 55 (2011) S. 88 - 104

Techniker Krankenkasse (2017): "Entspann Dich, Deutschland", TK-Stressstudie 2016, https://www.tk.de/techniker/unternehmensseiten/unternehmen/broschueren-und-mehr/stressstudie-2016-2026692 (20.12.2018), S. 27

Ternes, Anabel (2018): Digitale Transformation. HR vor enormen Herausforderungen. IN: Ternes, Anabel; Wilke, Clarissa (Hrsg.): Agenda HR, Digitalisierung, Arbeit 4.0, New Leadership, Wiesbaden, S. 3 - 12

Thielmann, Beatrice; Pfister, Eberhard A.; Böckelmann, Irina (2009): Ergebnisse einer arbeitspsychologischen Befragung von Verwaltungsangestellten zur individuellen Stressbewältigung. IN: Zentralblatt für Arbeitsmedizin, Arbeitsschutz und Ergonomie, 59 (2009), S. 66 - 80

Wegge, Jürgen et al. (2007): Taking a sickie: Job satisfaction and job involvement as interactive predictors of absenteeism in a public organization. IN: Journal of occupational and organizational psychology, 80 (2007), S. 77 - 89.

Weibler, Jürgen; Endres, Sigrid (2016): Kann die Leadership-Ökonomik zum Verständnis von Führungsphänomenen beitragen? Eine kritische Bestandsaufnahme. IN: Managementforschung. 26 (2016), S. 7 - 39

Werther, Simon (2015): Einführung in Feedbackinstrumente in Organisationen, Vom 360°-Feedback bis hin zur Mitarbeiterbefragung, Berlin et al.

Werther, Simon (2014): Geteilte Führung, Ein Überblick über den aktuellen Forschungsstand, Wiesbaden

Willis Towers Watson (2015): Nur 43 Prozent der Arbeitnehmer halten Top-Manager für effektiv. Mitarbeiterbefragung zu Führungskräften, https://www.towerswatson.com/de-DE/Press/2015/02/Nur-43-Prozent-der-Arbeitnehmer-halten-Top-Manager-fuer-effektiv?webSyncID=ea5a1ae7-ac77-7589-92ca-1d1a611bde1a&sessionGUID=d1183bd7-1387-9355-49ae-17c14a7e7b31 (20.12.2018)

Wilson, C. Jacob; Nagy, Mark S. (2017): The effects of personality on workplace bullying. IN: The Psychologist-Manager Journal, 20 (2017), S. 123 - 147

Wunderer, Rolf (2011): Führung und Zusammenarbeit, eine unternehmerische Führungslehre, 9. Auflage, München

Yorck Herzberg, Philip (2006): Lässt sich der Einfluss sozialer Erwünschtheit in einem Fragebogen zur Erfassung aggressiver Verhaltensweisen im Straßenverkehr korrigieren? IN: Zeitschrift für Differentielle und Diagnostische Psychologie, 25 (2006), S. 19 - 29